LANGENSCHEIDTS
PRAKTISCHE LEHRBÜCHER

LANGENSCHEIDTS
PRAKTISCHES LEHRBUCH
DÄNISCH

von
ELIN FREDSTED

LANGENSCHEIDT

BERLIN · MÜNCHEN · LEIPZIG · WIEN · ZÜRICH · NEW YORK

Langenscheidts Praktisches Lehrbuch Dänisch
Ein Standardwerk für Anfänger
von Elin Fredsted
Redaktion: Annegret Snaga
Umschlagfoto: Bavaria
Der Fischerhafen Nyhavn in Kopenhagen

Ein Schlüssel zu den Übungen ist gesondert lieferbar.
Es empfiehlt sich, zu diesem Lehrbuch auch die beiden Begleitcassetten zu verwenden.
Sie enthalten die Tonaufnahmen der Lektionstexte sowie zusätzliche Aussprache-
und Hörverständnisübungen.
Schlüssel (Best.-Nr. 26105) und Cassetten (Best.-Nr. 80410) sind im Buchhandel
erhältlich.

| Auflage: | 8. | 7. | 6. | 5. | Letzte Zahlen |
| Jahr: | 2002 | 2001 | 2000 | 99 | maßgeblich |

© 1993 Langenscheidt KG, Berlin und München
Druck: Druckhaus Langenscheidt, Berlin-Schöneberg
Printed in Germany · ISBN 3-468-26100-4

Inhaltsverzeichnis

Nr.	Lesetext	Schwerpunkte
1	Goddag	Sich begrüßen, sich vorstellen Fragesatz mit *hvem, hvad, hvor* Entscheidungsfrage Verneinung mit *nej* und *ikke* Präsensform der Verben Personalpronomen als Subjekt Reihenfolge der Satzglieder im Hauptsatz und Fragesatz
2	Hvordan går det?	Nach dem Befinden fragen, sich begrüßen, sich verabschieden Fragesatz mit *hvordan* Die Aussprache des Buchstabens *d* Imperativ
3	Et hus i Danmark	Wohnung, Möbel, Räume benennen und beschreiben Die Zahlen 1 – 100 Die unbestimmte und bestimmte Form des Substantivs im Singular und Plural *der* als Subjektstütze
4	1. Sanne dækker bord 2. Morgenmad	Sprachliche Umgangsformen: Um etwas bitten, sich bedanken, sich entschuldigen Die Objekt- und Reflexivformen der Personalpronomen Die Pronomen der dritten Person Singular
5	Hvad skal vi lave?	Eine Aufforderung aussprechen, annehmen, ablehnen, einen Gegenvorschlag machen Die Wochentage, die Uhrzeit Die Modalverben *kan, skal, vil, må* Die Stellung des Infinitivs im Satz Inversion

Nr.	Lesetext	Schwerpunkte
6	En familie i Danmark	Verwandtschaftsbezeichnungen, Alter, über Familienverhältnisse berichten Unregelmäßige Pluralformen Possessivpronomen und Possessivreflexivpronomen
7	1. Birtes arbejde 2. En sang for børn	Kleidungsstücke benennen, Farben bezeichnen Kinder und Beruf Adjektivdeklination Der vorangestellte bestimmte Artikel
8	Udsalg	Diskutieren, ob etwas billig oder teuer ist, ob man es mag oder nicht, vergleichen Größe und Material Die Zahlen über 100 Die Verwendung von *bruge, skal bruge, have brug for* Steigerung der Adjektive (regelmäßig und unregelmäßig) Demonstrativpronomen
9	1. I tøjforretningen 2. I møbelforretningen	Unterschiedliche Einkaufssituationen Zahlungsmittel Anredeverhalten *mange, meget — få, lidt* Indefinitpronomen: *nogen, noget, nogle*
10	Birte på indkøb	Lebensmittel, Verpackungen bezeichnen, Mengen angeben, Lebensmittelgeschäfte Präpositionen bei Geschäften: *i, hos* Preise Nebenordnende Konjunktionen, Infinitiv mit oder ohne *at*
11	Helle og Mads fortæller	Den Tagesablauf beschreiben Die Mahlzeiten Die Ordnungszahlen 1 — 10 Gebrauch von Präpositionen bei Ort, Raum, Richtung Unterordnende Konjunktionen, die Reihenfolge der Satzglieder im Nebensatz

Nr.	Lesetext	Schwerpunkte
12	1. Mads' brev 2. Private breve og forretningsbreve	Über Vergangenes berichten Eine Auskunft erfragen Die Monatsnamen Die Ordnungszahlen bis 31 Datum und Jahreszahl Briefmuster (privat und geschäftlich) Die Vergangenheitsformen der Verben, die Bildung des Perfekts Die Stellung des Partizips im Satz
13	Telefonsamtaler	Praktische Hinweise zum Telefonieren Eine Auskunft erfragen, eine Verabredung treffen Die Verwendung des Präteritums und des Perfekts Zeitangaben mit dem Präteritum und mit dem Perfekt
14	Peter i København	Verständnisschwierigkeiten — nachfragen Übersicht über „falsche Freunde" Tischsitten Relativsätze mit *som/der/—* Die Stellung der satzmodifizierenden Adverbien im Nebensatz
15	På restaurant	Jemanden einladen Tisch bestellen, Essen und Getränke bestellen Unterschiedliche Gaststätten, Trinkgeld Adverbien
16	1. Sommer — Søren snakker med sin nabo 2. Vinter — Mads snakker med sin ven Jørgen	Kontaktaufnahme, small-talk Die Jahreszeiten, das Wetter (Wetterberichte) Verlaufsform der Verben
17	Undervejs	Autoreparaturen, Verkehr Gemütsstimmungen *glad for, ked af* Die Verwendung von *mene, tro, synes* Den Charakter einer Person beschreiben Das Plusquamperfekt s-Formen der Verben Passiv: s-Passiv, Passiv mit *blive*

7

Nr.	Lesetext	Schwerpunkte
18	1. Danmark, de 400 øers land 2. Benny Andersen: Årstiderne	Landeskunde: Geographie, Verkehrsverhältnisse, Stimmungen Zukunft
19	1. Peters uheld 2. En anden slags øvelse	Körperteile und Krankheiten Lokaladverbien: statisch, dynamisch
20	Postkassen	Die Post Nach dem Weg fragen Verb-Paare Pronomen als Prädikatsnomen, Satzspaltung

Vorwort

Das praktische Lehrbuch Dänisch wendet sich an alle Erwachsenen und Jugendlichen, die Dänisch lernen möchten. Lebendige Texte, abwechslungsreiche Übungen und klare, ausführliche Erläuterungen zu Grammatik und Sprachgebrauch machen das Werk sowohl für den Gruppenunterricht als auch für das Selbststudium geeignet.

Die *Lektionstexte* bestehen zu einem großen Teil aus alltäglichen Gesprächen und sollen dem Lerner die Fähigkeit geben, Alltagssituationen sprachlich zu bewältigen. Die kommunikativen Fähigkeiten werden gefestigt durch Dialogübungen, Partnerübungen und Rollenspiele. Die *Grammatik* und in den Anfangssituationen auch die *Aussprache* werden systematisch und gründlich erklärt und durch vielfältige Übungen vermittelt. Außerdem enthält das Lehrwerk nützliche Hinweise zum *Sprachgebrauch*, d. h. Hinweise zum richtigen sprachlichen und sozialen Verhalten in bestimmten Situationen (z. B. Anrede, Tischsitten, sich Bedanken).

Die *Landeskunde* wird überwiegend „implizit" vermittelt. Themen, Situationen und Meinungsäußerungen sollen eher zur Diskussion und zur Stellungnahme des Lerners anregen als fertige Antworten geben oder bestimmte Ansichten vermitteln. Der thematisch-situative Aufbau des Lehrwerks ermöglicht es dem Lehrenden, tagesaktuelle Materialien und/oder Sachtexte ergänzend mit einzubeziehen (z. B. zur Geographie, zum Leben und Wohnen in Dänemark, zur Stellung von Familie, Kindern, Jugendlichen und Frauen in der dänischen Gesellschaft, zu Schulwesen, Arbeitsmarkt und Verkehr).

Methodisch steht das Lehrbuch überwiegend in der Tradition des kommunikativen Fremdsprachenunterrichts, ohne jedoch die methodische Freiheit des Lehrenden einzuschränken.

Dieses Lehrbuch wird ergänzt durch zwei *Begleitcassetten* (Bestellnummer 80410), auf denen man die Lektionstexte und zusätzliche Aussprache- und Hörverständnisübungen findet. Auf den Cassetten sind Sprecher aus verschiedenen Teilen des Landes zu hören, so daß ein möglichst authentischer Eindruck von der Vielfalt des Dänischen vermittelt wird, wie es der Lernende bei einem Aufenthalt in Dänemark hören wird. Besonders im Selbststudium empfiehlt es sich, mit diesen Hörcassetten intensiv zu arbeiten.

Ein *Schlüssel* (Bestellnummer 26105) zu den gebundenen und freieren Übungen des Lehrbuchs und zu den Hörverständnisübungen ist gleichfalls gesondert erhältlich.

Wir wünschen Ihnen viel Spaß und Erfolg beim Lernen!

VERFASSER UND VERLAG

Grammatische Fachausdrücke und ihre Erklärung

Adjektiv = Eigenschaftswort: das braune Kleid
adjektivisch = als Eigenschaftswort gebraucht
Adverb = Umstandswort: Er singt laut
adverbiale Bestimmung = Satzglied, das einen Sachverhalt hinsichtlich Zeit, Ort,
    Art und Weise etc. beschreibt
Aktiv = Tätigkeitsform: Der Mann streichelt die Katze
Artikel = Geschlechtswort: der, die, das, ein, eine, ein
Attribut = Beifügung: der alte Mann
attributiv = beifügend
Deklination = Beugung hinsichtlich Geschlecht, Zahl und Fall
Demonstrativpronomen = hinweisendes Fürwort: dieser, jener
Diphthong = Doppellaut: ei in mein
finite Verbform = zeitgebeugte Verbform: Imperativ, Präsens und Präteritum
Flexion = Beugung
Futur = Zukunft(sform): Ich werde fragen
Genitiv = 2. Fall, Wesfall: das Auto des Mannes
Genus = grammatisches Geschlecht
Hilfsverb = Verben, die bei der Bildung von Zeitformen benutzt werden können:
    sein, haben, werden
Imperativ = Befehlsform: geh(e)!
Indefinitpronomen = unbestimmtes Fürwort: einige, manch
infinite Verbform = nicht zeitgebeugte Verbform: Infinitiv und Partizipien
Infinitiv = Nennform, Grundform: backen, biegen
Inversion = „Umkehrung" der normalen Satzgliedfolge (Subjekt + finites Verb)
    also: finites Verb + Subjekt
Komparativ = Höherstufe (1. Steigerungsstufe): schöner, größer
Konjugation = Beugung des Zeitwortes: Infinitiv − gehen, Präsens − ich gehe
Konjunktion = Bindewort: Die Frau ist glücklich, weil sie arbeiten kann
Konjunktiv = Möglichkeitsform: Frau S. dachte, ihr Mann sei im Büro
Konsonant = Mitlaut: b, d, s
Modalverb = Zeitwort, das die Art und Weise des Geschehens bezeichnet: er will
    kommen, sie kann lesen
Neutrum = sächliches Geschlecht
Objekt = Satzergänzung: Der Mann streichelt die Katze
Partizip = Mittelwort: gebacken
Passiv = Leideform: Die Katze wird gestreichelt
Perfekt = Vollendete Gegenwart: Ich bin weggegangen
Personalpronomen = persönliches Fürwort: er, sie, wir
Plural = Mehrzahl: Kirschen
Plusquamperfekt = Vorvergangenheit: Ich hatte das Buch gelesen
Possessivpronomen = besitzanzeigendes Fürwort: mein, dein

Prädikat = Satzaussage: Die Frau repariert das Auto
prädikativ = aussagend
Prädikatsadjektiv = Eigenschaftswort als Teil der Satzaussage: Es ist dunkel
Prädikatsnomen = Hauptwort als Teil der Satzaussage: Er ist Bäcker
Präposition = Verhältniswort: auf, gegen, mit
präpositional = mit einem Verhältniswort gebildet
Präpositionsverbindung = Verhältniswort + Hauptwort oder Fürwort
Präsens = Gegenwart: ich gehe
Pronomen = Fürwort: er, sie, es
pronominal = aus einem Fürwort bestehend
reflexiv = rückbezüglich: Er wäscht sich
Reflexivpronomen = rückbezügliches Fürwort
Satzadverb = Umstandswort, das sich auf den Gesamtsatz bezieht: vielleicht, kaum, immer
Singular = Einzahl: Tisch
Subjekt: = Satzgegenstand: Das Kind spielt mit der Katze
Substantiv = Hauptwort: der Tisch
Superlativ = Höchststufe bei der Steigerung des Adjektivs: am schönsten
Utrum = Bezeichnet eine im Spätmittelalter vollzogene Verschmelzung von männlichem und weiblichem Geschlecht der Hauptwörter zu einem gemeinsamen Geschlecht. Wird auch „genus commune" genannt (Dänisch: fælleskøn)
Verb(um) = Zeitwort: gehen, kommen
Vokal = Selbstlaut: a, e, i, o, u

Einleitung

1. Die dänische Sprache

Wie die übrigen skandinavischen/nordischen Sprachen (Schwedisch, Norwegisch, Isländisch und Färöisch) ist Dänisch eine germanische Sprache und als solche mit dem Deutschen, Englischen und Niederländischen verwandt:

deutsch	englisch	niederländisch	dänisch
Tür	door	deur ['døːʀ]	dør
Haus	house	huis ['hœis]	hus
Milch	milk	melk	mælk

Untereinander sind die skandinavischen Sprachen noch enger verwandt. Wenn man Dänisch, Norwegisch oder Schwedisch gelernt hat, so kann man − mit ein wenig Übung − die jeweils anderen Sprachen (vom Färöischen und Isländischen einmal abgesehen) gut lesen und auch weitgehend verstehen:

schwedisch	norwegisch	dänisch	färöisch	isländisch	deutsch
dörr	dør	dør	dyr	dyr	*Tür*
hus	hus	hus	hús	hús	*Haus*
mjölk	melk	mælk	mjólk	mjólk	*Milch*
betala	betale	betale	gjalda	borga	*bezahlen*
kök	kjøkken	køkken	køkur	eldhús	*Küche*

Wenn hier im folgenden vom Dänischen die Rede ist, so ist damit die heutige Hochsprache (**rigsdansk**) gemeint. Dialekte und Regionalsprachen werden nicht berücksichtigt.

2. Das dänische Alphabet

a b c d e f g h i j k l m n o p q r s t u v w x y z æ ø å
Die Buchstaben **c, q, w, x, z** treten nur in Fremd- und Lehnwörtern sowie in Eigennamen auf.
Die Umlautbuchstaben **æ, ø, å** haben ihren Platz am Ende des Alphabets. Bitte beachten Sie das beim Nachschlagen im dänisch-deutschen Wörterbuch und im Telefonbuch.

3. Die Aussprache

Die dänische Aussprache weicht sehr vom Schriftbild ab, besonders was die Ausspra-che der Vokale angeht:

Oftmals erscheint der gleiche Laut für verschiedene Buchstaben. So kann beispielsweise der Laut [ɛ] mit e oder æ wiedergegeben werden. Umgekehrt kann der gleiche Buchstabe unterschiedliche Lautwerte vertreten, so kann z. B. ein o [o], [ɔ] oder [ɒ] ausgesprochen werden.

Hinzu kommt, daß es für bestimmte Buchstabenkombinationen keine klar definierbaren Ausspracheregeln gibt.

Beim Erlernen der richtigen Aussprache helfen Ihnen die beiden Begleitcassetten (Bestellnummer 80410).

3.1. Die Vokale

Für das Dänische ist eine Vielzahl von Vokalqualitäten charakteristisch. Die Vokale liegen ungewöhnlich dicht beieinander, und für Deutsche ist es am Anfang sicherlich besonders schwierig, die große Zahl von (insbesondere) Kurzvokalen zu unterscheiden, die man von der deutschen Hochsprache her nicht gewohnt ist.

Die (grob gerechnet) 10 Vokalphoneme des Dänischen (i e ɛ a y ø œ u o ɔ) gibt es kurz und lang. Hinzu kommen 1. das [ɐ], ein sehr offen gesprochener vokalischer Mittelzungenlaut (nur kurz), dessen Aussprache oft mit der Umgebung variiert, und 2. das unbetonte e in Schwachdrucksilben, das ebenfalls nur als Kurzvokal vorkommt [ə].

Wie im Deutschen werden einige dänische Kurzvokale [e ɛ œ ɔ] etwas offener gesprochen als die Langvokale. Für Deutsche fremd sind hingegen die kurzen geschlossenen Vokale [i], [y] und [u], die wesentlich geschlossener gesprochen werden als die entsprechenden Kurzvokale im Deutschen. Außerdem werden die Vokale (besonders die Kurzvokale), wenn sie in Verbindung mit einem **r** auftreten, offener und meistens weiter hinten auf der Zunge gesprochen.

In den nachstehenden Übersichten werden folgende Lautschriftzeichen verwendet:

[:] Doppelpunkt hinter dem Vokal bezeichnet einen Langvokal.
    Kurze Vokale bleiben unmarkiert.
['] bezeichnet den Hauptton in der folgenden Silbe.
[ˌ] bezeichnet einen Nebenton in der folgenden Silbe.
    Unbetonte Silben sind unmarkiert.
[˳] unter einem Laut bezeichnet unsilbische Vokallaute.
[ˀ] bedeutet Stoß (siehe S. 17).

Im übrigen wird das internationale Lautschriftsystem IPA verwendet. Um den Zugang zu erleichtern, wird überall eine vereinfachte Lautumschrift (broad transkription) verwendet, die weniger differenziert ist, als man es z. B. in einer wissenschaftlichen Arbeit erwarten würde.

Die dänischen Vokale in betonten Silben mit ihren wichtigsten kombinatorischen Varianten:

(Die Beispielwörter hören Sie auf der Begleitcassette).

Schrift- bild Buch- stabe	Laut- zeichen	Aussprache	Beispiele	
a	[aː]	geschlossenes, **helles a***, vor	male ['maːlə]	*malen*
a	[a]	[ð, n, d, t, l, s] und in offener Silbe	han ['han]	*er*
a	[ɑː]	wie *Vater*, in r-Verbindungen	rase ['ʀɑːsə]	*rasen*
a	[ɑ]	wie *fangen*, vor [p, b, k, g, f, m, ŋ], in r-Verbindungen und in Diphthongen	lange ['lɑŋə] ramme ['ʀɑmə]	*lange* *treffen*
e	[eː]	wie *Ebene*	leve ['leːvə]	*leben*
e	[e]	wie *elektrisch*	hende ['henə]	*sie/ihr*
e	[ɛː]	wie *ähnlich*	her ['hɛːˀʁ]	*hier*
e	[ɛ]	wie *Bett*	sende ['sɛnə]	*senden*
i	[iː]	wie *nie*	vise ['viːsə]	*zeigen*
i	[i]		villa ['vila]	*Villa*
i	[e]		til ['tel]	*für, an*
o	[oː]	wie *Ofen*	skole ['sgoːlə]	*Schule*
o	[o]	wie *Fotografie*	foto ['foto]	*Foto*
o	[ɔ]	wie *offen*	post ['pɔsd]	*Post*
o	[ɒː]	vor r ⎫ noch offener als	hvor ['vɒːˀ]	*wo*
o	[ɒ]	vor r ⎭ in *offen*	kort ['kɒʁd]	*kurz*
u	[uː]	wie *Ufer*	hule ['huːlə]	*Höhle*
u	[u]	wie *Union*	hun ['hun]	*sie*
u	[o]		sukker ['sogɐ]	*Zucker*
u	[ɔ]		kul ['kɔl]	*Kohle*
y	[yː]	wie *über*	hyle ['hyːlə]	*heulen*
y	[y]	wie *amüsieren*	hylde ['hylə]	*Regal*
y	[ø]	wie *Ökonomie*	lykke ['løgə]	*Glück*
æ	[ɛː]	wie *ähnlich*	læse ['lɛːsə]	*lesen*
æ	[ɛ]	wie *Bett*	læsse ['lɛsə]	*laden*

14

Schrift-bild Buch-stabe	Laut-zeichen	Aussprache	Beispiele	
ø	[ø:]	wie *Möwe*	løse ['lø:sə]	*lösen*
ø	[ø]	wie *Ökonomie*	mølle ['mølə]	*Mühle*
ø	[œ:]	wie Französisch *œuvre*	høne ['hœ:nə]	*Huhn*
ø	[œ]	wie *Köpfe*	søn ['sœn]	*Sohn*
å	[ɔ:]	wie *offen*, nur lang	måne ['mɔ:nə]	*Mond*
å	[ɔ]	wie *offen*	hånd ['hɔn²]	*Hand*
å	[ɒ:]	vor r	kår ['kɒ:²]	*Umstände*
å	[ɒ]	vor r	hårdt ['hɒɐ̯d]	*hart*

-r nach Vokal:
    [ɐ̯] unsilbisch, wie *der*   dyr ['dy:²ɐ̯]   *teuer*
-er [ɐ] silbisch, wie *Oper*   kjoler ['kjo:lɐ] *Kleider*
-e in unbetonten Silben:
    [ə] wie *bitte*   billede ['beləðə] *Bild*

* Anmerkung: Das dänische [a] liegt im IPA zwischen [a] und [ɛ] und wird von Deutschsprachigen oft als ein ä-Laut aufgefaßt. Vergleichen Sie mand ['man²] *Mann* und mænd ['mɛn²] Männer!

3.2 Die Konsonanten

Die Konsonanten **b f h j k l m n p** und **t** entsprechen weitgehend den deutschen Lauten. Zu beachten ist jedoch, daß
— h in **hj** und **hv** stumm ist, z. B. **hvem** ['vɛm²], **hvad** ['vað], **hjem** ['jɛm²],
— f in der Vorsilbe **af-** ['ɑw] gesprochen wird.

Schrift-bild Buch-stabe	Laut-zeichen	Aussprache	Beispiele	
d	[d]	im Silbenanlaut vor Voll-vokal und nach anderen Konsonanten außer **l-, n-, r-**	dansk ['dan²sg]	*dänisch*
d	[ð]	nach Vokal: ähnlich wie Englisch *the*	hedde ['heðə]	*heißen*
d	[—]	stumm nach **l-, n-, r-** bei fast allen Wörtern mit **-ld, -nd** und **-rd***	kulde ['kulə] mand ['man²] bord ['bo:²ɐ̯]	*Kälte* *Mann* *Tisch*
d	[—]	stumm vor **-s** und **-t**	plads ['plas] godt ['gɔd]	*Platz* *gut*

Schrift-bild Buch-stabe	Laut-zeichen	Aussprache	Beispiele	
g	[g]	im Silbenanlaut vor Voll-vokal, in der Kombina-tion -gg und vor -t	gade ['ga:ðə]	Straße
			ligge ['legə]	liegen
			vægt ['vɛgd]	Gewicht
g	[j]	nach den Vokallauten [i e ɛ a y ø] und nach -l	løg ['løj⁷]	Zwiebel
			vælge ['vɛljə]	wählen
g	[w]	nach den Vokallauten [u o ɔ ɑ] und nach -r	færge ['fɛ̞wə]	Fähre
g	[-]	[j] und [w] können in ge-wöhnlicher Umgangs-sprache nach [i e y u ø] ganz wegfallen	pige ['pi:ə]	Mädchen
ng	[ŋ]	wie Deutsch lang	lang ['laŋ⁷]	lang
r	[ʀ]	Hinterzungen -r, im Sil-benanlaut und nach Kon-sonant, weniger vibrie-rend als das deutsche r.	rose ['ʀoːsə]	Rose
			grøn ['gʀœn⁷]	grün
r	[ɐ̯]	Nach Vokal wird r als Vokal ausgesprochen.	mor ['moːɐ̯]	Mutter
	[ɐ]	Unbetontes e + r verschmelzen zu [ɐ].	kommer ['kɔmɐ]	kommt
r	[ː/-]	Bei betonten Langvoka-len verschmilzt das r häufig mit dem voran-gehenden Vokal, so daß man in der Aussprache das r nur als Verlänge-rung und/oder Absen-kung des voranstehen-den Vokals registriert.	bare ['bɑːɑ]	bloß
			får ['fɒː⁷]	bekommt
s	[s]	stimmlos wie in Wasser	sø ['søː⁷]	See
sj	[ş]	sch-Laut zwischen [ç] und [ʃ], nicht gerundet	sjæl ['şɛːʔl]	Seele
v	[v]	wie Wasser	vise ['viːsə]	zeigen
v	[-]	v ist stumm in der Kom-bination -lv.	halv ['halʔ]	halb
v	[w]	nach Vokal wie ein un-silbisches u	hav ['hɑw]	Meer

* Anmerkung: In den Kombinationen **ndr** und **rdr** wird **d** meistens [d] gesprochen: **andre** ['andʀə], **nordre** ['no̞ɐ̯dʀə], weil die Silbengrenze nach dem **n** bzw. **r** verläuft.

3.3 Der Stoß

Ein Hauptmerkmal der dänischen Sprache ist der sogenannte Stoß, der in der Lautschrift durch [ˀ] gekennzeichnet wird. Der Stoß entsteht dadurch, daß die Stimmbänder fast geschlossen werden, so daß der Luftstrom kurz zurückgehalten wird. Hierdurch entsteht eine Unterbrechung (kräftiger Stoß) oder eine Unregelmäßigkeit (schwacher Stoß) in den Schwingungen der Stimmbänder. Vergleichbar ist der Stoß mit dem sogenannten harten Einsatz bei dem deutschen Anfangsvokal in z. B. ˀimmer, Frühlingsˀanfang, ˀEssig.

Der Stoß ist nicht bestimmten Lauten zuzuordnen, sondern mit einer Silbe verbunden. Der Stoß kann nur in betonten Silben vorkommen, wenn diese Silbe 1. einen Langvokal hat oder 2. einen Kurzvokal plus einen stimmhaften Konsonanten. Der Stoß kann sowohl auf einen Vokal als auch auf einen stimmhaften Konsonanten fallen. In dem ursprünglichen Wortschatz des Dänischen sind alle unflektierten, nicht zusammengesetzten Wörter entweder Einsilbler oder Zweisilbler mit /ə/ in der zweiten Silbe. Die ursprünglichen Einsilbler haben fast immer einen Stoß, die Zweisilbler nie. Der Stoß kann unter bestimmten grammatischen oder betonungsmäßigen Verhältnissen ganz wegfallen, z. B. bei Flexionsformen auf **-e** (hus ['huːˀs] *Haus*, huse ['huːsə] *Häuser*) und in einsilbigen Vordergliedern in Zusammensetzungen (hjem ['jɛmˀ] *Heim*, hjemløs ['jɛmløːˀs] *heimatlos*).

Der Gebrauch des Stoßes ist sehr uneinheitlich, so daß es unmöglich ist, überschaubare Gebrauchsregeln aufzustellen. Unterschiede im Gebrauch gibt es zwischen den Generationen, vor allem aber ist der Gebrauch des Stoßes regional bedingt. In Teilen des südlichen Dänemarks (südlich einer Linie Præstø-Rømø) hört man ihn in der Regionalsprache kaum, weil er in den Dialekten nicht vorhanden ist.

3.4 Die Betonung

In den einheimischen Wörtern liegt der Hauptton (in der Lautschrift [']) auf der ersten Silbe. Ausnahmen hiervon sind Wörter mit den Vorsilben **be-, ge-, er-, for-** (be'tale, ge'råde, er'fare, for'give).

In Lehnwörtern, Fremdwörtern und Neubildungen kann der Hauptton auf einer anderen Silbe liegen.

In zusammengesetzten Wörtern gilt die Hauptregel, daß das zweite Glied der Zusammensetzung den Hauptton verliert und einen Nebenton bekommt (=[ˌ]): 'grav + 'sten → 'grav͵sten.

3.5 Die Intonation

Die dänische Satzbetonung ist der deutschen ziemlich ähnlich: Nur die im Satz betonten Wörter behalten ihre volle Betonung, die sie auch als Einzelwörter haben. Die übrigen sind weniger betont oder unbetont. Wenn in unbetonter Stellung die Langvokale gekürzt werden, dann entfällt auch der Stoß.

Generell ist der Tonhöhenverlauf gleichmäßiger als im Deutschen. Es gibt im Dänischen zwei unterschiedliche Satzintonationstypen. (Es ist zu beachten, daß es hier um den Verlauf der Tonhöhe im Satz geht, nicht um die Betonung):

1. den ostdänischen (Seeland mit Kopenhagen), wo man die unbetonte Silbe nach der betonten Silbe höher spricht:

Jetzt hör mal zu

2. den westdänischen (Jütland, Fünen usw.), wo man die betonten Silben höher spricht, also wie im Deutschen:

4. Die Stellung der Satzglieder im Dänischen

Die Grammatik des Dänischen ist ziemlich einfach. Viele Beugungsformen und -muster, die wir vom Deutschen her kennen, sind im Laufe der Jahrhunderte weggefallen. So gibt es z. B. — außer dem Genitiv — keine Kasusbeugung der Substantive mehr, und nur bei den persönlichen Pronomen (Fürwörtern) unterscheidet man zwischen einer Nominativ- und einer Objektform.

Die Reduktion des Kasussystems führt jedoch dazu, daß man nur anhand der Stellung eines Substantivs im Satz unterscheiden kann, ob dieses Substantiv Subjekt oder Objekt des jeweiligen Satzes ist. Das heißt also, daß es eine **feste Reihenfolge** der Satzglieder im Dänischen gibt, die man sich am einfachsten durch eine schematische Darstellung einprägen kann.

Für Hauptsätze gibt es ein bestimmtes Muster und für Nebensätze wiederum ein anderes.

Das Muster für den dänischen Hauptsatz sieht wie folgt aus:

Hauptsatzschema

Vorfeld	Mittelfeld			Nachfeld		
1	v	s	a	V	S	A
Nu	skal	du	bare	høre		

Erklärung der einzelnen Felder:

1 Ein Platz für unterschiedliche Satzglieder.
   Auf Platz **1** kann nur **ein** Satzglied stehen. Dieser Platz ist jedoch nicht einem bestimmten Satzglied vorbehalten. Häufig steht hier das Subjekt oder eine adverbiale Bestimmung; aber auch andere Satzglieder können an dieser Stelle stehen, wenn sie hervorgehoben werden sollen. Wenn ein Satzglied auf Platz 1 steht, ist der Platz, den das Satzglied sonst eingenommen hätte, dann häufig leer (Beispielsatz 4).

v Der finite Teil des Prädikats, d. h. ein Verb in einer zeitgebeugten Form wie Präsens, Präteritum oder Imperativ. Wenn V ausgefüllt ist, steht oft das Modalverb oder das Hilfsverb auf Platz v.

s Das Subjekt des Satzes.

a Satzadverb, d. h. satzmodifizierende Adverbien wie: ikke *nicht*, jo *doch*, vel *wohl*, aldrig *nie*, altid *immer*, nok *ja*.

V Die nicht-finiten Prädikatsteile, d. h. Verb im Infinitiv oder Partizip. V kann aus mehreren Teilen bestehen.

S Das direkte und/oder das indirekte Objekt des Satzes. Außerdem Prädikatsnomen und prädikatives Adjektiv (dieses muß mit dem Subjekt des Satzes in Genus und Numerus übereinstimmen).

A Adverbiale Bestimmungen wie z. B. Zeit-, Raum- und Artergänzungen sowie freie Angaben. Raum- und Ortsbestimmungen stehen im Dänischen **vor** Zeitbestimmungen.

Die 3 Hauptregeln für obiges Schema sind:

1. Jedes Satzglied hat seinen Platz; nur das Prädikat hat zwei Plätze: einen Platz **v** für das finite (zeitgebeugte) Verb im Präsens, Präteritum oder Imperativ, und einen Platz **V** für die nicht-finiten Teile des Prädikats, d. h. Verben im Infinitiv oder Partizip. (Beispielsatz 1)
2. Mehrere Satzglieder vom selben Typ stehen auf demselben Platz. Es kann z. B. vorkommen, daß ein Satz mehrere adverbiale Bestimmungen (Beispielsatz 2) oder zwei Objekte im Nachfeld hat (Beispielsatz 3).
3. Es kommt selten vor, daß alle Plätze im Schema belegt sind. Meistens sind einige Plätze frei (Beispielsatz 4).

Beispielsätze:

1. *Jetzt muß er schnell den Brief mit der Post schicken.*

1	v	s	a	V	S	A
Nu	skal	han	hurtigt	sende	brevet	med posten.

2. *Vielleicht werden wir trotzdem mit dem Auto nach Spanien fahren.*

1	v	s	a	V	S	A
Måske	vil	vi	alligevel	køre	—	(1) med bilen (2) til Spanien.

3. *Gestern schenkte er seiner Frau Blumen.*

1	v	s	a	V	S	A
I går	gav	han	—	—	(1) sin kone (2) blomster.	

4. *Er will nicht (mehr) (Deutsch) studieren.*

1	v	s	a	V	S	A
Han	vil	—	ikke	læse	tysk	længere.
Han	vil	—	ikke	læse	—	længere.
Han	vil	—	ikke	læse.	—	—

Bitte prägen Sie sich diese schematische Abfolge der Satzglieder im Dänischen ein:

1 – v – s – a – V – S – A

Sie werden beim Erlernen der dänischen Sprache mit Sicherheit davon profitieren!
Die Unterrichtserfahrung hat gezeigt, daß Lerner durch die Verwendung dieses Schemas zahlreiche Fehler vermeiden können.

1A Text

Goddag

Karen:	Goddag. Jeg hedder Karen.
	Hvad hedder du?
Niels:	Goddag. Jeg hedder Niels. Jeg kommer fra København.
	Hvor kommer du fra?
Karen:	Jeg kommer fra Århus.

Niels:	Hvem er det?
Karen:	Det er Birte.
Niels:	Er hun også fra Århus?
Karen:	Nej, hun er ikke fra Århus. Hun bor i Ålborg.

Spørgsmål:	**Svar:**
Hvad hedder hun?	Hun hedder Birte.
Hvor kommer hun fra?	Hun kommer fra Ålborg.

Hvad hedder han?	Han hedder Søren.
Hvor kommer han fra?	Han kommer også fra Ålborg.

Hvor kommer Søren og Birte fra?	
Hvor kommer de fra?	De kommer fra Ålborg.

Karen:	*Birte og Søren*:
Hvor kommer I fra?	Vi kommer fra Ålborg.

Hvad hedder I?
Hvor kommer I fra?
Bor I i Berlin?

Vi hedder Maria og Peter.
Vi kommer fra Tyskland.
Nej, vi bor ikke i Berlin,
vi bor i Hamborg.

Hvad hedder I?
Hvor kommer I fra?
Hvor bor I?

Vi hedder Birte og Søren.
Vi kommer fra Danmark.
Vi bor i Ålborg.

goddag [goˈdaːˀ]	guten Tag	nej [ˈnɑjˀ]	nein
jeg [ˈjɑj]	ich	ikke [ˈegə]	nicht
hedder [ˈheðˀɐ]	heiße	bor [ˈboːˀɐ]	wohnt
hvad [ˈva]/[ˈvað]	hier: wie, sonst: was	i [ˈi]	in
du [ˈdu]	du	Ålborg [ˈɔlˌbɒːˀ]	
kommer [ˈkɔmˀɐ]	(ich) komme	spørgsmål	Frage
fra [ˈfʁɑ]	von, aus	[ˈsbœɐˌsmɔːˀl]	
København	Kopenhagen	svar [ˈsvɑːˀ]	Antwort
[købənˈhɑwˀn]		han [ˈhan]	er
hvor [ˈvɒːˀ]	wo	og [ˈɔ]/[ˈɔw]	und
Århus [ˈɒːhuːˀs]		de [ˈdi]	sie (3. Pers. Pl.)
hvem [ˈvɛmˀ]	wer	I [ˈi]	ihr
er [ˈɛɐ]	ist	vi [ˈvi]	wir
det [ˈde]	das, es	Tyskland [ˈtysgˌlanˀ]	Deutschland
hun ' [ˈhun]	sie (3. Pers. Sing. weiblich)	Hamborg [ˈhamˌbɒːˀ]	Hamburg
		Danmark [ˈdanˌmɑɐ̯g]	Dänemark
også [ˈɔsə]	auch		

1B Sprachgebrauch — Landeskunde

Hvem, hvad, hvor ['vɛm², 'va, 'vɒː²]

Fragen mit Fragewort:
Hvem *wer* wird bei Fragen nach Personen verwendet: Hvem er det? ['vɛm² 'ɛɐ̯ 'de]
Hvad *was* wird bei Fragen nach Sachen, Sachverhalten oder Handlungen verwendet:
Hvad hedder du? ['va 'heð²ɐ̯ 'du]
Hvor *wo* steht bei Fragen nach dem Ort: Hvor bor du? ['vɒː² 'boː²ɐ̯ 'du]

1C Grammatik und Aussprache

1. Abgeschwächte Aussprache

Bei einigen häufig vorkommenden Wörtern wie **god, hvad, dag** und **og** wird die
Aussprache abgeschwächt. Diese Abschwächung trifft vor allem die „weichen"
Konsonanten **d** und **g** nach Vokal und im Auslaut.
In sehr korrekter Aussprache, in betonter Stellung und bei Hervorhebung können
Wörter wie z. B. **god, hvad, dag** und **og** jedoch auch mit den weichen Konsonanten
ausgesprochen werden:

god ['goː²]/['goː²ð], hvad ['va]/['vað],
dag ['daː²]/[daː²j], og ['ɔ]/['ɔw].

2. Verben im Präsens

Die Präsensformen der Verben sind in allen Personen gleich. Das Präsens endet in der
Regel auf −(e)r:

Jeg hedder Karen.	['jɑj 'heð²ɐ̯ 'kɑɑn]
Hvad hedder du?	['va 'heð²ɐ̯ 'du]
Han hedder Søren.	['han 'heð²ɐ̯ 'søːɐn]

Das Präsens von **være** *sein* lautet für alle Personen **er**:

jeg er *ich bin*, du er *du bist* usw.

3. Personalpronomen als Subjekt

	1. Person	*2. Person*	*3. Person*
Singular:	jeg	du	han/hun
Plural:	vi	I	de

4. Die Reihenfolge der Satzglieder im Hauptsatz

Im Aussagesatz mit einfachen Zeitformen ist die Reihenfolge der Satzglieder wie im Deutschen (siehe Einleitung, Absatz 4):

1	v	s	a	V	S	A
Han	hedder	ikke		Niels.		
Vi	er		også			fra Danmark.

Fragesätze

In Fragesätzen, die mit einem Fragewort eingeleitet werden, steht das Subjekt unmittelbar nach dem zeitgebeugten Verb **v**. Entscheidungsfragen, die mit Ja oder Nein beantwortet werden können, werden wie im Deutschen mit dem zeitgebeugten Verb **v** eingeleitet:

1	v	s	a	V	S	A
Hvad	hedder	du?				
	Hedder	han	også	Niels?		

In Sätzen, in denen das Fragewort Teil einer Präpositionsverbindung ist, steht das Fragewort alleine am Satzanfang, die Präposition hingegen am Satzende:

1	v	s	a	V	S	A
Hvor	kommer	du				fra?

1D Übungen

1. *Berichten Sie über diese Personen nach dem Muster*:
   Han/Hun hedder . . . . .   Han/Hun kommer fra . . . . .

   Fragen Sie: *Antworten Sie*:
   Hvad . . . . .   Han/Hun . . . . .
   Hvor . . . . .   Han/Hun . . . . .

2. *Berichten Sie über folgende Personen nach dem Muster*:
   Han/Hun/De hedder . . . . .   Han/Hun/De bor i . . . . .
   Søren Jensen, Ribe [ˈʀiːbə]. Lis Nielsen, Roskilde [ˈʀɔskilə]. Rita og Peter Hansen,
   Silkeborg [ˈselgəbɒːˀ]. Ulla og Hans Pedersen, Åbenrå [ˌɔbənˈʀɔːˀ]. Ruth Vester-
   gård, Vejle [ˈvɑjlə]. Kurt Nikolajsen, Horsens [ˈhɒɐ̯səns]. Knud Jensen, Kolding
   [ˈkɔleŋ]. Lise og Mikael Beck, Ålborg. Ida Frederiksen, København. Lisbeth og
   Kristian Lund, Rødby [ˈʀøðbyːˀ].

3. *Vervollständigen Sie*:
   A: . . . . . hedder du? *B*: . . . . . hedder Birte. *A*: Hvor kommer . . . . . fra? *B*: Jeg
   . . . . Ålborg. Kommer . . . . . også . . . . . Ålborg. *A*: Nej, ...
   . . . . . København. *B*: Hvem . . . . . det? *A*: . . . . . er Karen. *B*: Kommer Karen
   . . . . . fra København? *A*: Nej . . . . . bor . . . . . Århus.

4. *Das Nein-Sager-Spiel*:
   Beantworten Sie folgende Fragen negativ mit „nej . . . ikke":
   Muster: Bor du i Berlin? Nej, jeg bor ikke i Berlin.

   a) Hedder du Søren?   b) Kommer du fra København?   c) Er du fra Århus?   d)
   Hedder han Niels?   e) Bor du i Ålborg?   f) Kommer de også fra Berlin?   g)
   Hedder hun også Birte?   h) Kommer Lise fra Horsens?   i) Bor Ulla og Hans i
   Rødby?   j) Er I fra Danmark?

5. *Bilden Sie sinnvolle Sätze aus den nachstehenden Wörtern. Es gibt mehrere Kombinationsmöglichkeiten.*

han		i Århus
jeg	hedder	København
vi	bor	Niels
Søren	er	Karen
hun	kommer fra	i Ålborg
Birte		Tyskland

6. *Übersetzen Sie und tragen Sie die Wörter ins Kreuzworträtsel ein:*

vandret *waagerecht*:
1 Deutschland
4 (ich) wohne
5 du
6 (ich) heiße
8 wer
10 von/aus
12 er
14 ich
16 was
17 nicht

lodret *senkrecht*:
2 das/es
3 auch
5 Tag
6 sie (3. Pers. Sing. weiblich)
7 (ich) komme
9 wo
11 Dänemark
13 nein
15 gut
18 sie (3. Pers. Plural)

2A Text

Hvordan går det?

Birte møder Niels på gaden i Ålborg. Niels siger:
N: Dav Birte!
B: Dav Niels! Hvad laver du her i Ålborg?
N: Jeg skal til et møde.
 Hvordan har du det, Birte?
B: Tak, jeg har det godt, og hvordan har du det?

N: Tak, jeg har det fint!
 Hvordan går det med Søren?
B: Det går ikke særlig godt. Han er så forkølet.
N: Det er jo ikke så godt. Undskyld Birte, jeg skal skynde mig af sted nu.
 Klokken er mange, og jeg skal nå så mange ting i dag. Hav det godt og
 hils Søren!
B: Ja tak. Hils også Kirsten og kom godt hjem!
N: Ja tak. Farvel!
B: Farvel Niels!

hvordan [vɒ'dan]	*wie*	ikke særlig godt	*nicht besonders gut*
gå ['gɔːˀ]	*gehen*	['egə 'sɛɐ̯li 'gɔd]	
hvordan går det	*wie geht es*	så ['sɔ]	*so*
møde ['møːðə]	*treffen*	forkølet [fɒ'køːˀlð]	*erkältet*
på ['pɔːˀ]	*auf*	jo ['jo]	*ja, aber* (Füllwort)
gade ['gaːðə]	*Straße*	undskyld ['ɔnsgylˀ]	*Entschuldigung*
på gaden	*auf der Straße*	skynde mig	*mich beeilen*
sige ['siːə]	*sagen*	['sgønə 'maj]	
dav ['dɑwˀ]	*'Tag*	af sted [a'sdɛð]	*weg, los*
lave ['laːvə]	*machen, tun*	nu ['nu]	*jetzt*
her ['hɛːˀɐ̯]	*hier*	klokke ['klɔgə]	*Uhr*
skal ['sgal]	*sollen, müssen*	mange ['maŋə]	*viel(e)*
til ['tel]	*zu*	klokken er mange	*es ist schon spät*
et møde ['møːðə]	*Sitzung, Tagung*	nå ['nɔːˀ]	*erreichen*
jeg skal til et møde	*ich gehe zu einer Sitzung*	ting ['teŋˀ]	*Dinge, Sachen*
have ['haːˀ]	*haben*	i dag [i 'daːˀ]	*heute*
Präs.: har [hɑːˀ]		hav det godt!	*alles Gute!*
hvordan har du det	*wie geht es dir*	['haːˀ 'de 'gɔd]	
tak ['tɑg]	*danke*	ja tak!	hier: *danke!*
god ['goːˀð]/['goːˀ]	*gut*	hilse ['hilsə]	*grüßen*
jeg har det godt	*mir geht es gut*	komme ['kɔmə]	*kommen*
['gɔd]		hjem ['jɛmˀ]	*nach Hause*
fin ['fiːˀn]	*fein, prima*	kom godt hjem	*komm gut nach Hause*
jeg har det fint	*mir geht es prima*	['kɔm 'gɔd 'jɛmˀ]	
['fiːˀnd]		farvel [fɑ'vɛl]	*Auf Wiedersehen*
med ['mɛ]/['mɛð]	*mit*	meget ['majð]	*sehr, viel*
særlig ['sɛɐ̯li]	*besonders*		

2B   Sprachgebrauch — Landeskunde

1. Nach dem Befinden fragen

Spørgsmål: **Svar:**

Hvordan har du det?   Tak, jeg har det | fint.
| godt.
| meget godt.
| ikke så godt.
| ikke særlig godt.

Hvordan går det?   Tak, det går | fint.
| godt.
| meget godt.
| ikke så godt.
| ikke særlig godt.

„**meget godt**" heißt eigentlich *sehr gut* bedeutet aber, daß etwas nicht so besonders gut ist: „Jeg har det meget godt." entspricht ungefähr „*Es geht so . . . . .*"

2. Sich begrüßen, sich verabschieden

Goddag *Guten Tag*, **god morgen** *Guten Morgen* (nur bis ca. 9 Uhr!), **god aften** *Guten Abend* (ab ca. 19 Uhr) gebraucht man beim Begrüßen.
Informell und umgangssprachlich benutzt man: **Dav**, **davs** *'Tag* oder **hej** *Hallo*.
Beim Verabschieden wird **farvel** *Auf Wiedersehen* gesagt, umgangssprachlich auch **hej** *tschüß*. Nachts oder abends vor dem Schlafengehen **god nat** *Gute Nacht*.

3. Das Verb „skulle"

Skal (Präsensform) ist ein Modalverb mit breiter Bedeutung. U. a. wird es verwendet, um ein geplantes Vorhaben zu bezeichnen: **Jeg skal til et møde**, und um Notwendigkeit auszudrücken (vgl. *müssen*): **Jeg skal skynde mig.**

2C Grammatik und Aussprache

1. Die Aussprache des Buchstabens d

hvordan det } → [d] du		**d** wird im Silbenanlaut [d] gesprochen
hedder sted } → [ð] møde gade		**d** und **dd** werden nach Vokal [ð] gesprochen
med god } →[ð]/[−] hvad		[ð] kann bei einigen Wörtern im Auslaut wegfallen → **1C1**
undskyld skynde } → [−] godt		**d** ist stumm nach **l-, n-, r-** und vor **-s** und **-t**

2. Veränderliche Vokalqualität

Die Vokalqualität kann sich verändern, wenn ein Wort flektiert wird:

god	['goːˀ]/['goːˀð]	*gut*	godt ['gɔd]	*gut* (Adverb)
gå	['gɔːˀ]	*gehen*	går ['gɒːˀ]	*geht*

3. Imperativ/Befehlsform

Der Imperativ ist gleich dem Stamm des Verbs, d. h. Infinitiv (= Wörterbuchform) minus —e:

> hav, hils, kom, mød

2D Übungen

1. *Setzen Sie das richtige Personalpronomen ein*:
   a) Birte bor i Ålborg. b) . . . . . møder Niels på gaden. c) Niels bor ikke i Ålborg. . . . . . bor i København. d) Birte spørger: Hvad laver . . . . . her i Ålborg. e) Niels svarer: . . . . . skal til et møde. f) Har Søren det godt? Birte: Nej, ... har det ikke så godt. . . . . . er forkølet.

2. *Kombinationsübung*:
   Die folgenden Teile des Dialoges sind durcheinandergeraten. Bringen Sie diese in die richtige Reihenfolge:
   Tak, jeg har det godt!
   Farvel!
   Hvordan har du det?
   Dav Kirsten!
   Jeg har det ikke så godt. Jeg er forkølet.
   Farvel!
   Hvordan går det?
   Dav Søren!

3. *Stellen Sie die Fragen zu den vorgegebenen Antworten*:
   Spørgsmål: *Svar*:
                                   Jeg hedder Ulla.
                                   Jeg kommer fra Åbenrå.
                                   Det er Ruth.
                                   Hun kommer fra Vejle.
                                   Tak, jeg har det godt!
                                   Hun har det ikke så godt!
                                   Vi bor i Berlin.
                                   Han er fra Hamborg.
                                   Nej, jeg bor i København.

31

4. *Beantworten Sie folgende Fragen zu Text 2A:*

a) Hvem møder Birte? b) Hvor møder Birte Niels? c) Hvad laver Niels i Ålborg? d) Hvordan har Niels det? e) Hvordan har Søren det? f) Skal Birte skynde sig?

5. *Sind diese Aussagen richtig oder falsch?*

	rigtigt *richtig*	forkert *falsch*
Birte møder Søren på gaden.	☐	☐
Niels skal til et møde.	☐	☐
Birte har det godt.	☐	☐
Søren har det også fint.	☐	☐
Birte siger: Hils Søren!	☐	☐
Niels skal skynde sig af sted.	☐	☐
Birte siger: Hej Niels!	☐	☐

6. *Setzen Sie* **i, på, til, fra** *ein:*

a) Kirsten skal . . . . . møde . . . . . Århus. b) . . . . gaden i Århus møder hun Søren. c) Han kommer . . . . . Ålborg. d) Søren skal også . . . . . møde.

7. *Sie werden von einem Dänen (Søren, 47 Jahre) angesprochen. Wählen Sie die richtigen Erwiderungen zu seinen Äußerungen:*

Søren:	*Sie:*	
Dav	Goddag	a
	Farvel	b
	Dav	c
Jeg hedder Søren.	Jeg hedder Peter.	a
	Jeg hedder hr. Meyer (*Herr M.*)	b
	Det er hr. Meyer.	c
Hvor kommer du fra?	Jeg bor i Hamborg.	a
	Tak, jeg har det fint.	b
	Jeg kommer fra Hamborg.	c
Hvem er det?	Hun hedder Maria.	a
	Det er Maria.	b
	Hej!	c

3A Text

Et hus i Danmark

Birte og Søren bor i en lejlighed i byen, men nu skal de flytte ind i et hus med have. De kigger på planen over huset.

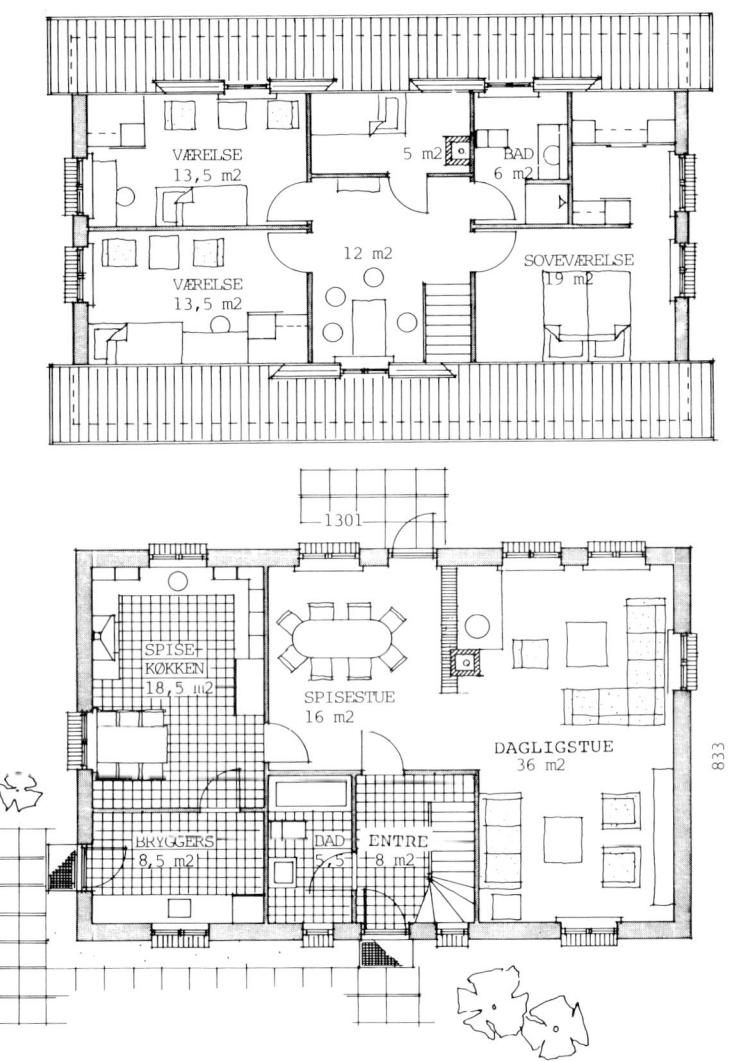

Birte: Hvordan skal vi placere møblerne? Lad os kigge på planen. Hvor skal spisebordet og stolene stå?

Søren: I spisestuen er der tre døre: én dør til haven, en dør til entréen og en dør til køkkenet. Så kan spisebordet kun stå midt i rummet.

Birte: I dagligstuen kan vi placere sofaerne og reolen ved væggene. Tre lænestole og to sofaborde er der også plads til. Til værelserne ovenpå skal vi købe to senge mere. Ellers har vi vist møbler nok.

Søren: Hvad skal der stå i rummet uden vinduer ovenpå?

Birte: Måske en seng til gæster.

Søren: Ja, det er en god ide.

hus, -et, (-e) ['hu:²s]	*Haus*	by, -en, (er) ['by:²]	*Stadt*
		men ['mɛn]	*aber*
dagligstue, -n, (-r) ['dɑwli‚sduːə]	*Wohnzimmer, Stube*	flytte ['flødə]	*umziehen*
		flytte ind i [‚flødə 'en² 'i]	*einziehen*
spisestue, -n, (-r) ['sbiːsə‚sduːə]	*Eßzimmer*		
		have, -n, (-er) ['haːvə]	*Garten*
entré, -en, (-er) [aŋ'tRɛ]	*Flur*	kigge ['kigə]	*sehen*
		plan, -en, (-er) ['plaː²n]	*Plan*
værelse, -t, (-r) [vɛɐ̯alsə]	*Zimmer*		
		over ['ɔwˀɐ]	*über*
badeværelse, -t, (-r) ['baːðə‚vɛɐ̯alsə]	*Badezimmer*	placere [plaˈseːˀɐ]	*placieren*
		møbel, møb(e)let, møbler ['møːˀbl]	*Möbel*
soveværelse, -t, (-r) ['sɔːw‚vɛɐ̯alsə]	*Schlafzimmer*	lade ['la]	*lassen*
køkken, -et, (-er) ['køgn]	*Küche*	lad os kigge på ... ['la ‚os 'kigə ‚pɔːˀ]	*laß uns mal ... anschauen*
bryggers, -et, (-er) ['bRøgɐs]	*Hauswirtschaftsraum*	bord, -et, (-e) ['boːˀɐ̯]	*Tisch*
		spisebord, -et, (-e) ['sbiːsə‚boːˀɐ̯]	*Eßtisch*
lejlighed, -en, (-er) ['lɑjli‚heːˀð]	*Wohnung*	stol, -en, (-e) ['sdoːˀl]	*Stuhl*

stå [sdɔːˀ] — stehen
der [dɛɐ̯] *Subjektstüt-*
ze s. **3C4**
dør, -en, (-e) ['dœːˀɐ̯] — Tür
så ['sɔ] — dann
kunne *Präs.:* kan — können
['kunə], ['kanˀ/'ka]
kun ['kɔn] — nur
midt i ['med 'i] — mitten in
rum, -met, (-) ['ʀɔmˀ] — Raum
sofa, -en, (-er) ['soːfa] — Sofa
reol, -en, (-er) — Regal
[ʀɛˈoːˀl]
ved ['veð/'ve] — an
væg, -gen, (-ge) — Wand
['vɛːˀg]
lænestol, -en, (-e) — Sessel
['lɛːnəˌsdoːˀl]

sofabord, -et, (-e) — Couchtisch
['soːfaˌboːˀg]
plads, -en, (-er) ['plas] — Platz
ovenpå ['ɔwnˌpɔːˀ] — oben
købe ['køːbə] — kaufen
seng, -en, (-e) ['sɛŋˀ] — Bett
mere ['meːɐ] — mehr
ellers ['ɛlˀɐs] — sonst
vist ['vesd] — sicher, gewiß
nok ['nɔg] — genug
uden ['uːðn] — ohne
vindue, -t, (-r) — Fenster
['vendu]
måske [mɔˈsgeːˀ] — vielleicht
gæst, -en, (-er) ['gɛsd] — Gast
ide, -en, (-er) [iˈdeːˀ] — Idee

3B Sprachgebrauch — Landeskunde

Die Zahlen 1 — 100

1 én, ét ['eːˀn], ['ed]	19 nitten ['nedn]
2 to ['toːˀ]	20 tyve ['tyːvə]
3 tre ['tʀeːˀ]	21 énogtyve ['eːˀnɔ'tyːvə]
4 fire ['fiːɐ]	22 toogtyve ['toːˀɔ'tyːvə]
5 fem ['fɛmˀ]	23 treogtyve ['tʀeːˀɔ'tyːvə]
6 seks ['sɛgs]	24 fireogtyve ['fiːɐ̯ɔ'tyːvə]
7 syv ['sywˀ]	30 tredive ['tʀɛðvə]
8 otte ['ɔːdə]	40 fyrre ['fœɐ̯ə]
9 ni ['niːˀ]	50 halvtreds [hal'tʀɛs]
10 ti ['tiːˀ]	60 tres ['tʀɛs]
11 elleve ['ɛlvə]	70 halvfjerds [hal'fjɛɐ̯s]
12 tolv ['tɔlˀ]	80 firs ['fiːˀɐ̯s]
13 tretten ['tʀɛdn]	90 halvfems [hal'fɛmˀs]
14 fjorten ['fjoɐ̯dn]	100 hundrede ['hunʀəˌðə]
15 femten ['fɛmdn]	
16 seksten ['sajsdn]	+ : plus
17 sytten ['sødn]	− : minus
18 atten ['adn]	= : er

Es ist wichtig, sich die Aussprache der Zahlen einzuprägen. Sie finden Hör- und Aussprachübungen zu den Zahlen auf der Begleitcassette.

3C   Grammatik und Aussprache

1. Das grammatische Geschlecht der Substantive

en dør   et hus
en have   et værelse

Bei den dänischen Substantiven gibt es zwei Geschlechter: **Utrum** (männlich und weiblich) und **Neutrum** (sächlich). Sie sind an den Artikeln zu erkennen: der unbestimmte Artikel des Utrums ist **en** [en], der des Neutrums ist **et** [ed].

2. Die Bildung des bestimmten Singulars

	Singular unbestimmt	*Singular bestimmt*
Utrum	**en** dør *eine Tür* **en** have **en** væg	dør**en** *die Tür* have**n** væg**gen**
Neutrum	**et** hus *ein Haus* **et** værelse **et** rum	hus**et** ['hu:ˀsəð] *das Haus* værels**et** ['vɛɐalsəð] rum**met** ['ʀɔmˀəð]

Die bestimmte Singularform des Substantivs wird gebildet, indem die Endung **-en** [ən] (Utrum) oder **-et** [əð] (Neutrum) an das Substantiv angehängt wird.

Anmerkung 1: Endet das Substantiv auf ein unbetontes **-e**, wird nur ein **-n**, bzw. **-t** angehängt (vergl. have-n, værelse-t).

Anmerkung 2: Nach kurzem, betontem Vokal wird ein einfacher Endkonstant verdoppelt, wenn eine silbische Flexionsendung hinzugefügt wird (vgl. væg-gen, rum-met). Man bezeichnet dies als „Konsonantenverdoppelung".

3. Die Pluralformen der Substantive

Plural unbestimmt	Plural bestimmt
to have**r** *zwei Gärten* to køkke**ner** to sofa**er**	have**rne** *die Gärten* køkke**nerne** sofa**erne**
otte stol**e** *acht Stühle* to bord**e**	stol**ene** *die Stühle* bord**ene**
to rum *zwei Räume*	rumm**ene** *die Räume*

Es gibt drei Pluralformen: **-(e)r** [ɐ], **-e** [ə] und **-**. Die Verwendung der Pluralformen ist vom Geschlecht des Substantivs unabhängig.
Die meisten Substantive enden im unbestimmten Plural auf **-(e)r**.
Viele Substantive enden im unbestimmten Plural auf **-e**. Einige wenige Substantive haben im unbestimmten Plural keine Endung (**-**).
Im bestimmten Plural enden die meisten Substantive auf **-ne**. Die im unbestimmten Plural endungslosen Substantive haben jedoch **-ene**.
Einige Pluralformen werden mit Umlaut gebildet, so z. B. **en bog** *ein Buch* — **bogen** — *das Buch* — **bøger** *Bücher* — **bøgerne** *die Bücher*.

4. der [dɛɐ] als Subjektstütze

Omkring spisebordet står **der** otte stole.

Bei einem Subjekt in unbestimmter Form wird **der** als Subjektstütze, d. h. als Platzhalter für das Subjekt, hinzugefügt.

3D   Übungen

1. *Finden Sie die entsprechenden Räume und Gegenstände auf den Zeichnungen* (s. S. 40):

en dagligstue, en spisestue, en entré, en sofa, en stol, en reol, en dør, en trappe *eine Treppe*, en håndvask *ein Waschbecken*, en seng, et værelse, et badeværelse, et soveværelse, et køkken, et bryggers, et bord, et vindue, et toilet *eine Toilette*, et badekar *eine Badewanne*, et skab *ein Schrank*

2. *Fügen Sie die fehlenden Formen ein*:

		huse	
			haverne
		entréer	
et køkken			
			stuerne
		toiletter	
	vinduet		
et bord			
		værelser	
			rummene
	sofaen		
en stol			
		reoler	
			dørene
		badekar	
			trapperne
	væggen		
en seng			
	skabet		

3. *Beantworten Sie die Fragen nach dem folgenden Muster:*
Står der en lænestol i køkkenet?
Nej, der står en lænestol i dagligstuen.

a) Står der et spisebord i dagligstuen?   b) Står der en sofa i entréen?   c) Står der
et sofabord i badeværelset?   d) Er der et badekar i køkkenet?   e) Er der en
trappe i entréen?   f) Står der seks stole i spisestuen?

4. *Fragen Sie einander in der Gruppe:*

Har du (også)	en have?	Ja, det har jeg.
	et spisebord?	
	et køkken?	Nej, det har jeg ikke.
	en entré?	
	en dagligstue?	
	en lænestol?	
	en sofa?	
	en reol?	
	. . . . .	

5. *Bilden Sie sinnvolle Sätze:*

I badeværelset		entreén
Sofaen	står i	seks stole
I dagligstuen		køkkenet
Søren	er der	en håndvask
Spisebordet		soveværelset
I køkkenet	kommer ind i	tre vinduer
Maria		dagligstuen

6. *Kirsten flytter: Niels hilft ihr beim Umzug, macht aber alles falsch. Bringen Sie
Ordnung in das Chaos, das Niels verursacht hat:*
Sofaen står i badeværelset. Jeg flytter sofaen ind i . . . . .
Spisebordet står i soveværelset. Jeg flytter . . . . .
Lænestolene står i køkkenet. . . . . .
Reolerne står i bryggerset. . . . . .
Sofabordene står i spisestuen. . . . . .
Stolene står i entréen. . . . . .
Sengene står i dagligstuen. . . . . .

7. *Sie finden sich in diesem Haus nicht zurecht und müssen nach den Räumen fragen*
. . . . .
   Hvor er badeværelset? Hvor er . . . . . ? . . . . . ?

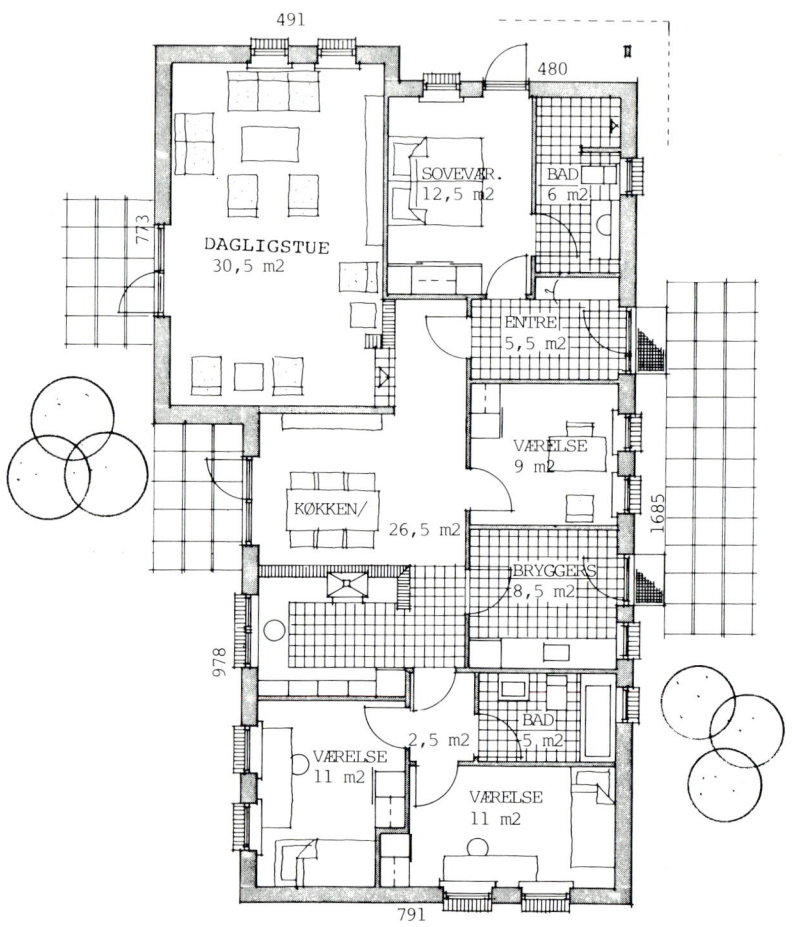

8. *Bitte mündlich!* + : plus, − : minus, = : er

7 + 3 =	8 + 10 =	17 + 23 =
5 + 8 =	16 − 3 =	54 − 15 =
17 − 11 =	15 + 3 =	89 + 7 =
8 + 9 =	7 + 3 + 14 =	
11 − 7 =	20 − 2 − 5 + 78 − 16 =	

9. *Bankospil*:
Zahlenlotterie

Die Spielregeln:
Jeder Teilnehmer schreibt für sich eine beliebige Abfolge von Zahlen zwischen 1 und 100 in die 16 Felder seiner Spielkarte (s. Abb).
Vom Spielleiter werden dann beliebige Zahlen zwischen 1 und 100 aufgerufen, wobei er für sich diese Zahlen in einem Protokoll festhält.
Alle Teilnehmer am Spiel kreuzen nun die vom Spielleiter genannten Zahlen an, sobald sie diese Zahlen auf ihrer Spielkarte wiederfinden. Wer als erste(r) eine komplette Reihe mit angekreuzten Zahlen in senkrechter, waagerechter oder auch diagonaler Richtung vorweisen kann, ruft „Bingo!" und hat das Spiel gewonnen. Diese Zahlen muß der Teilnehmer zur Kontrolle laut vorlesen.
Dann kann das Spiel, diesmal mit einem anderen Spielleiter, wieder von vorne beginnen.

4A

4A Text

1 Sanne dækker bord

Sanne på 12 år dækker bord til morgenmad. Til Birte og Søren skal hun bruge:

to kopper med underkopper

to frokosttallerkener

to knive

en gaffel til pålæg

Birte og Søren drikker kaffe og spiser brød med smør og ost, pålæg, marmelade og honning.

Til sig selv og Morten skal Sanne bruge:

to dybe tallerkener

to skeer

to glas

Sanne og Morten spiser ymer med mysli til morgenmad, og de drikker mælk til.

2 Morgenmad

Sanne stiller kaffen på bordet og siger til Birte og Søren:
„Skynd jer nu, morgenmaden er færdig!"
Birte og Søren kommer ud i køkkenet og sætter sig ved bordet.
„God morgen, Sanne", siger Søren, „Det er vel nok pænt af dig at lave morgenmad til os!"
Birte: „God morgen! Åh, jeg er træt! Ræk mig lige brødet!"
Søren: „Værsgo, her er det. Vil du have en kop kaffe?"

Birte: „Ja tak! Hvor er nu smørret?"

Sanne: „Det står jo lige foran dig."

Birte: „Undskyld, jeg er vist ikke rigtig vågen. Hvor er Morten?"

Sanne: „Han sover endnu."

Søren rejser sig og går ud og henter avisen. Han sætter sig igen og læser i den.

Birte: „Vil du ikke have en kop kaffe mere, Søren?

Søren: „Nej tak, den er for stærk."

Sanne: „Vrøvl!"

Birte: „Står der noget interessant i avisen?"

Søren: „Hm . . ."

Birte: „Giver du mig ikke lige noget af avisen?"

Søren giver hende hele avisen: „Du kan få hele avisen. Jeg skal skynde mig af sted nu. Du skal jo have bilen i dag, så jeg skal cykle på arbejde."

Birte: „Nå ja, men jeg skal jo også købe ind i dag og lave mad til os. Skal vi spise rødspætter til aften?"

Søren: „Ja, men de skal ikke være så store som sidste gang. Ellers kan vi ikke have dem på stegepanden. Tak for morgenkaffe, Sanne! Hej med jer!"

Birte og Sanne: „Hej Søren!"

1
dække bord | *Tisch decken*
['dɛgə 'boːˀɐ̯]
år, -et, (-) ['ɒːˀ] | *Jahr*
morgenmad, -en | *Frühstück*
['mɒːɒnˌmað]
skulle bruge | *brauchen*
Präs: skal bruge
['sgu/'sga 'bʁuːə]
kop, -pen, (-per) | *Tasse*
['kɔb]
underkop, -pen, | *Untertasse*
(-per) ['ɔnɐˌkɔb]
frokosttallerken, | *kleiner Teller*
-tallerk(e)nen,
(-tallerk(e)ner)
['fʁɔgɔsdtaˌlɛɐ̯gən]
kniv, -en, (-e) ['kniːˀv] | *Messer*
gaffel, gaf(fe)len, | *Gabel*
(gafler) ['gafl]
pålæg, -get, (-) | *Aufschnitt*
['pɔˌlɛːˀg]

drikke ['dʁegə] | *trinken*
kaffe, -n ['kafə] | *Kaffee*
spise ['sbiːsə] | *essen*
brød, -et, (-) [bʁøðˀ] | *Brot*
smør, -ret ['smœɐ̯] | *Butter*
ost, -en, (-e) ['osd] | *Käse*
marmelade, -n, (-r) | *Marmelade*
[maˌməˈlaːðə]
honning, -en, (-er) | *Honig*
['hɔneŋ]
sig selv ['saj 'sɛlˀ] | *sich selbst*
dyb ['dyːˀb] | *tief*
tallerken, tallerk(e)- | *Teller*
nen, (tallerk(e)ner)
ske, -en, (-er) ['sgeːˀ] | *Löffel*
glas, -set, (-) ['glas] | *Glas*
ymer, -en ['yːˀmɐ] | *eine Art Dickmilch*
mysli, -en, (-er) | *Müsli*
['mysli]
mælk, -en ['mɛlˀg] | *Milch*
2
stille (Verb) ['sdelə] | *stellen*

jer ['jɛɐ̯] — *euch*
færdig ['fɛɐ̯di] — *fertig*
sætte sig ['sɛdə 'saj] — *sich setzen*
vel nok ['vɛl 'nɔg] — hier: *aber*
dig ['daj] — *dich, dir*
pæn ['pɛːˀn] — *nett*
det er vel nok pænt — *das ist aber nett von*
  af dig — *dir*
os ['ɔs] — *uns*
træt ['tʁɛd] — *müde*
række ['ʁɛgə] — *reichen*
mig ['maj] — *mich, mir*
lige ['liːə] — hier: *mal*
værsgo ['vɛɐ̯'sgoːˀ] — *bitte*
ville *Präs:* vil ['vilə], — *wollen, mögen*
  ['vel]
foran ['fɒːˌanˀ] — *vor*
vågen ['vɔːwn] — *wach*
sove ['sɔwə] — *schlafen*
endnu [e'nu] — *noch*
rejse sig ['ʁajsə saj] — *sich erheben*
ud ['uðˀ] — *aus, hinaus*
hente ['hɛndə] — *holen*
avis, -en, (-er) [a'viːˀs] — *Zeitung*
igen [i'gɛn] — *wieder*
læse ['lɛːsə] — *lesen*
i den ['i 'dɛn] — *darin*
nej tak ['najˀ 'tɑg] — *danke* (ablehnend)
stærk ['sdɛɐ̯g] — *stark*
for stærk [fɒɐ̯ 'sdɛɐ̯g] — *zu stark*
vrøvl ['vʁœwˀl] — *Unsinn*

noget ['nɔːəð] — *etwas*
interessant — *interessant*
  [ˌentʁə'sanˀd]
give ['giːˀ] — *geben*
noget af ['nɔːəð a] — *etwas von, ein Teil von*
hende ['henə] — *sie/ihr*
hel ['heːˀl] — *ganz*
få ['fɔːˀ] — *bekommen*
bil, -en, (-er) ['biːˀl] — *Auto*
cykle ['syglə] — *Fahrrad fahren*
arbejde, -t, (-r) — *Arbeit*
  ['aːbajˀdə]
på arbejde — *zur Arbeit*
  [pɔ 'aːˌbajˀdə]
købe ind ['køːbə 'enˀ] — *einkaufen*
lave mad ['laːvə — *kochen*
  'mað]
rødspætte, -n, (-r) — *Scholle*
  ['ʁøˌsbɛdə]
til aften ['te 'afdn] — *zum Abend(essen)*
så stor som — *so groß wie*
  [sɔ 'sdoːˀɐ̯ som]
sidste gang ['sisdə — *das letzte Mal*
  'gaŋˀ]
dem ['dɛm] — *sie/ihnen*
stegepande, -n, (-r) — *Bratpfanne*
  ['sdajəˌpanə]
tak for . . . . . ['tɑg — *vielen Dank für . . . . .*
  'fɒɐ̯]
hej med jer — *tschüs*
  ['haj 'mɛ 'jɛɐ̯]

4B Sprachgebrauch — Landeskunde

1. Sprachliche Umgangsformen: Bitte, Wunsch

Værsgo verwendet man, wenn man etwas gibt, anbietet oder zu Tisch bittet.
Wenn man einen Wunsch/eine Bitte zum Ausdruck bringen möchte, muß man sich
anders ausdrücken, z. B.:

> Ræk mig lige smørret! (Imperativ, sehr direkt)
> Giver du mig lige smørret? (Frage, auch sehr direkt)
> Må jeg godt få smørret? (Frage: *Darf ich . . .*)
> Vil du godt række mig smørret? (höfliche Frage)
> Vil du ikke godt give mig avisen? (Frage + Negation, sehr höflich)
> Jeg vil gerne have smørret. (Wunsch: *Ich möchte . . .*)

2. Dank — tak

Ja tak *ja gerne, ja bitte*
Nej tak (*nein*) *danke*
Tak for mad (wörtlich: *Danke für das Essen*): Nach jeder Mahlzeit muß man sich bei demjenigen bedanken, der diese Mahlzeit zubereitet hat (als Gast bei den Gastgebern). Es gilt als unhöflich, dies zu unterlassen.

3. Entschuldigung — undskyld

Undskyld! *Entschuldigen Sie!*
Undskyld, jeg skal skynde mig af sted!
Undskyld, må jeg komme forbi? *vorbei*
Antwort: Ja, værsgo! *Ja bitte!*

Wenn man sich für ein Versehen nachträglich entschuldigt, sagt man auch: Undskyld!
Antwort: Det gør ikke noget. *Das macht nichts.*

4C Grammatik

1. Die Objekt- und Reflexivform der Personalpronomen

als Subjekt	als Objekt und nach Präposition	reflexiv
jeg *ich*	mig	mig
du *du*	dig	dig
han/hun, den/det *er, sie, es*	ham/hende, den/det	sig
vi *wir*	os	os
I *ihr*	jer	jer
de *sie*	dem	sig

Die Reflexivpronomen entsprechen der Objektform der Personalpronomen außer in der dritten Person Singular und Plural.

2. Die Pronomen der dritten Person Singular

Die Pronomen **den** (Utrum), **det** [de] (Neutrum) verwendet man bei Sachen und Tieren (Nicht-Personen). **Han/hun** beziehen sich nur auf Personen.

	brødet		kaffen
det	huset	den	lejligheden
	smørret		avisen

Hvor er brødet? **Det** står på bordet.
Hvor er kaffen? **Den** står på bordet.

4D Übungen

1. Beantworten Sie die Fragen, indem Sie überall das richtige Pronomen einsetzen:
   Muster: Står <u>sofaen</u> i entréen? Nej, <u>den</u> står i stuen.
   a) Står <u>køkkenbordet</u> i spisestuen? Nej, ...
   b) Er <u>badekarret</u> i køkkenet? Nej, ...
   c) Står <u>stolene</u> i soveværelset? Nej, ...
   d) Er <u>håndvasken</u> i dagligstuen? Nej, ...
   e) Spiser <u>Birte og Søren</u> i dagligstuen? Nej, ...
   f) Rækker <u>Birte</u> brødet til <u>Søren</u>? Nej, ... til . . . . .
   g) Står <u>reolerne</u> i spisestuen? Nej, ...
   h) Giver <u>Birte avisen</u> til <u>Søren</u>? Nej, ...

2. Setzen Sie das Pronomen nach dem folgendem Muster ein:
   Muster: <u>Søren</u> kan ikke flytte <u>stolene</u>. → <u>Han</u> kan ikke flytte <u>dem</u>.
   a) <u>Birte</u> møder <u>Niels</u> på gaden.   b) Hvordan skal vi placere <u>møblerne</u>?   c) Birte
   siger: Hils <u>Kirsten</u> fra mig!   d) Hvordan går det med <u>Søren</u>?   e) Der er plads til
   tre <u>lænestole</u> i dagligstuen.   f) <u>Søren</u> siger: Vil du have <u>avisen</u>?   g) Han giver
   <u>avisen</u> til <u>Birte</u>.   h) Det er pænt af <u>Sanne</u> at lave morgenmad til <u>Birte og
   Søren</u>.   i) <u>Sanne</u> sætter <u>kopperne</u> på bordet.   j) <u>Kaffen</u> er for stærk, siger <u>Søren</u>.
   k) <u>Birte</u> kan ikke have <u>rødspætterne</u> på stegepanden.   l) <u>Smørret</u> står lige foran
   <u>Birte</u>.

3. Setzen Sie die fehlenden Pronomen ein:
   a) Birte og Søren kommer ud i køkkenet. De skal skynde . . . . . .   b) Det er pænt
   af Sanne at lave morgenmad til . . . . . .   c) Birte er ikke rigtig vågen: . . . . . kan
   ikke se smørret, men . . . . . står lige foran . . . . . .   d) Søren henter avisen.   . . . . . .
   vil gerne læse i . . . . . , men det vil Birte også.   e) Søren giver . . . .   f)
   Han vil drikke kaffen, men . . . . . er for stærk.   g) Søren siger farvel til . . . . . og
   cykler på arbejde.   h) Birte læser avisen. Så skynder hun . . . . . også på arbej-
   de.   i) Sanne siger til . . . . . : „Du skal lave mad til . . . . . i aften."

4. *Helfen Sie Sanne, den Tisch richtig zu decken . . . . .*

Sanne hat den Tisch gedeckt, aber war wohl nicht richtig wach. Erklären Sie bitte, wie es richtig gemacht wird . . . . .

5. *Morten steht jetzt auf und will sich von seiner Schwester bedienen lassen. Schreiben Sie einen Dialog zwischen Morten und Sanne:*

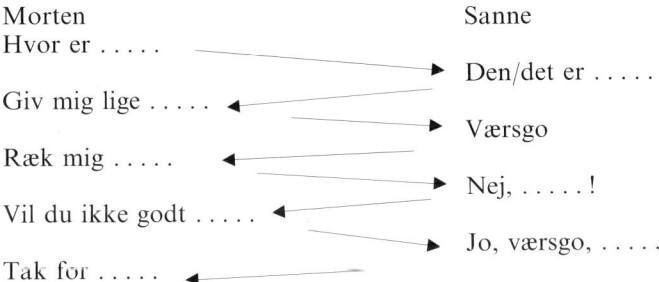

Morten   Sanne

Hvor er . . . . .

                                                Den/det er . . . . .

Giv mig lige . . . . .

                                                Værsgo

Ræk mig . . . . .

                                                Nej, ...!

Vil du ikke godt . . . . .

                                                Jo, værsgo, ...

Tak for . . . . .

6. *Stellen Sie aus den nachstehenden Lebensmitteln ein Frühstücksmenü für sich zusammen:*

Jeg vil gerne have . . . . .
   ymer, ost, smør, mælk,
   brød, mysli, rundstykker *Brötchen*,
   saft, marmelade, honning,
   pålæg,
   kaffe, te

Welches Geschirr und Besteck brauchen Sie dafür?
   Jeg skal bruge . . . . . til . . . . . (siehe **4A**)

7. *Welche Frage paßt zu welcher Antwort?*

Hvad hedder han ?	Jeg siger: „Skynd jer!"
Hvor kommer hun fra?	Tak, jeg har det godt.
Hvad siger du?	Nej, hun kommer fra Danmark.
Hvem er det?	Han bor i København.
Hvordan har du det?	Han hedder Jens.
Kommer hun fra Tyskland?	Det er Peter.
Hedder hun Lis?	Nej, vi bor i Ribe.
Hvor bor Peter?	Jeg spiser morgenmad.
Bor I i København?	Hun kommer fra Odense.
Hvad laver du?	Hun har det ikke så godt.
Hvordan går det med Lis?	Nej, hun hedder Eva.

8. *Was paßt zusammen?*

18	tyve	20	sytten
17	tolv	19	elleve
15	tretten	14	nitten
11	seksten	16	atten
13	femten	12	fjorten

5A Text

Hvad skal vi lave?

Det er lørdag, og det regner.

Birte spørger Søren: „Hvad skal vi lave? Kan du ikke finde på noget?"

Søren: „Det ved jeg ikke . . . . . Har du lyst til at cykle en tur?"

Birte: „Nej, jeg gider ikke cykle i regnvejr. Skal vi ikke hellere tage en tur i svømmehallen?"

Søren: „Jo, det vil jeg gerne. Jeg ser lige efter åbningstiderne i avisen.

SVØMMEHALLEN

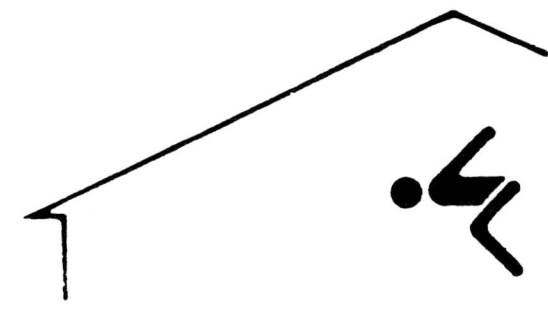

Åbningstider:

Mandag . . . 13.00 – 16.00	Fredag . . . 13.00 – 16.00
Tirsdag . . . 17.00 – 20.00	Lørdag . . . LUKKET
Onsdag . . . 14.00 – 17.00	Søndag . . . LUKKET
Torsdag . . . 17.00 – 20.00	

Søren viser Birte avisen: „Vi må nok finde på noget andet."

Birte: „Vil du med en tur i biografen?"

Søren: „Nej, det har jeg ikke lyst til! Så vil jeg hellere se sport i fjernsynet."

Birte: „Nej, det er da for kedeligt!"

Søren: „Skal vi ikke besøge Pia og Peter?"

Birte: „Jo, det kan vi godt."

Søren: „Eller gå en tur på museum . . . . ."

Birte: „Ja, det er en god ide. Så kan vi jo besøge Pia og Peter senere på dagen. Hvornår har museet åbent?"

NORDJYLLANDS KUNSTMUSEUM

Nordjyllands Kunstmuseum

Museet har åbent tirsdag
til fredag kl. 10 — 16.
Lørdag og søndag kl. 10 — 18.
Om mandagen har museet
lukket.

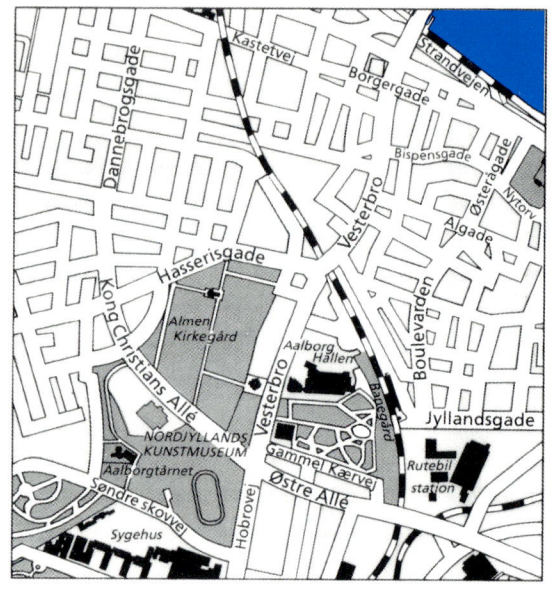

NORDJYLLANDS KUNSTMUSEUM
Kong Christians Allé 50
DK-9000 Aalborg

skulle *Präsens*: skal ['sgulə] ['sgal]	hier: *wollen*
hvad skal vi lave ['va 'sga 'vi 'laːvɐ]	*was wollen wir tun*
lørdag, -en, (-e) ['lœɐ̯da]	*Samstag*
regne ['ʀɑjnə]	*regnen*
spørge ['sbœɐ̯ə]	*fragen*
finde på ['fenə 'pɔːˀ]	*sich einfallen lassen*
vide *Präsens*: ved ['viːðə] ['veːˀ]	*wissen*
det ved jeg ikke	*das weiß ich nicht*
lyst til ['løsd 'te]	*Lust zu*
tur, -en, (-e) ['tuːˀɐ̯]	*Fahrt*, siehe **5B**
gide ['giːðə]	*Lust haben, mögen*
vejr, -et ['vɛːˀɐ̯]	*Wetter*
regnvejr, -et ['ʀɑjn-ˌvɛːˀɐ̯]	*Regenwetter*
hellere ['hɛlɐɐ]	*lieber*
tage ['taːˀ]	*nehmen*
tage en tur ['taːˀ en 'tuːˀɐ̯]	hier: *gehen*
svømmehal, -len, (-ler) ['svøməˌhalˀ]	*Schwimmhalle*
se . . . efter [seː 'ɛfdɐ]	*nachsehen*
åbningstid, -en, (-er) ['ɔːbnɛŋsˌtiːˀð]	*Öffnungszeit*
mandag, -en, (-e) ['manˀda]	*Montag*
tirsdag ['tiɐ̯ˀsda]	*Dienstag*
onsdag ['onˀsda]	*Mittwoch*
torsdag ['tɔːˀsda]	*Donnerstag*
fredag ['fʀeːˀda]	*Freitag*
søndag ['sønˀda]	*Sonntag*
lukket ['lɔgəð]	*geschlossen*
vise ['viːsə]	*zeigen*
måtte *Präs.*: må ['mɔdə] ['mɔːˀ]	*dürfen*, hier: *müssen*
noget andet ['nɔːəð 'anð]	*etwas anderes*
vi må nok finde på noget andet	*wir müssen uns etwas anderes einfallen lassen*

biograf, -en, (-er)   *Kino*
  [ˌbio'grɑːˀf]
så ['sɔ]   *dann*
sport, -en ['sbɒɐ̯d]   *Sport*
fjernsyn, -et, (—)   *Fernsehen*
  ['fjɛɐ̯n̩ˌsyːˀn]
da ['da]   *doch*
for ['fɒɐ̯]   *zu*
kedelig ['keːðli]   *langweilig*
besøge [be'søːˀjə]   *besuchen*
det kan vi godt ['de   etwa: *von mir aus*
  'ka 'vi 'gɔd]

eller ['ɛlɐ]   *oder*
museum, museet,   *Museum*
  (museer) [mu'sɛːɔm]
sen ['seːˀn]   *spät*
senere på dagen   *später am Tag*
  ['seːnɐɐ]
hvornår [vɒ'nɒːˀ]   *wann*
have... åbent [ha...   *auf haben*
  'ɔːbənd]
Nordjylland ['noɐ̯ˌjy-   *Nordjütland*
  lanˀ]
kunst, -en ['kɔnˀsd]   *Kunst*

5B Sprachgebrauch — Landeskunde

1. Einen Vorschlag formulieren und darauf reagieren

Vorschlag	Positive Antwort
Skal vi gå en tur?	Ja, det kan vi godt.
Har du lyst til at gå en tur?	Ja, det er en god ide.
Vil du med en tur i biografen?	Ja, det vil jeg gerne.
Skal vi ikke gå en tur?	Jo, det kan vi godt.
Har du ikke lyst til at gå en tur?	Jo, det vil jeg gerne.
Vil du ikke med til koncert?	Jo, det er en god ide.

Negative Antwort mit Gegenvorschlag

Nej, det har jeg ikke lyst til.   Jeg vil hellere ...
Nej, det gider jeg ikke.   Skal vi ikke hellere ...
Nej, det er for kedeligt.

en tur wird oft in Verbindung mit Bewegungsverben verwendet: gå en tur, cykle en tur, svømme en tur, tage en tur i biografen.
en tur grenzt die Bedeutung des Bewegungsverbes ein, vergleichbar mit dem Deutschen: ein Stück gehen.

2. Antwort mit „ja" oder „jo"

Vil du **ikke** med en tur i svømmehallen?
Jo, det vil jeg gerne.
Im Dänischen unterscheidet man zwischen Fragen ohne und Fragen mit **ikke**: Nach Fragen mit **ikke** verwendet man bestätigend **jo**, sonst **ja**.

51

3. Die Wochentage — ugens dage

Die Wochentage heißen:
MANDAG TIRSDAG ONSDAG TORSDAG FREDAG LØRDAG
SØNDAG
Om mandagen har museet lukket.
Die Form mit **om . . . . . en** wird benutzt, um eine wiederkehrende Zeit zu bezeichnen:
montags.

4. Die Uhrzeit — klokken

Hvad er klokken?
Klokken er . . . . .
Den er . . . . .

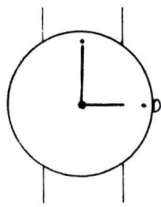 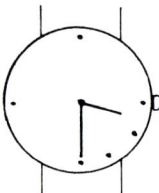 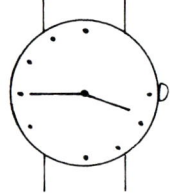 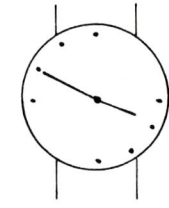

tre   halv fire   kvart **i** fire   ti minutter **i** fire

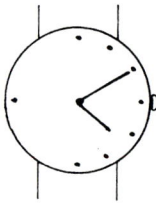 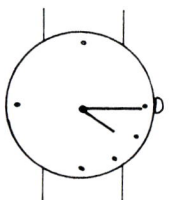 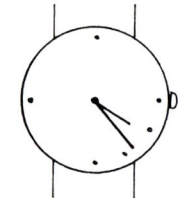 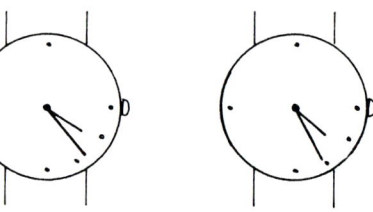

ti minutter **over**   kvart **over** fire   treogtyve minutter fem minutter **i** halv
fire   **over** fire/syv minut- fem
                                       ter **i** halv fem

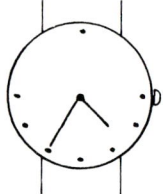 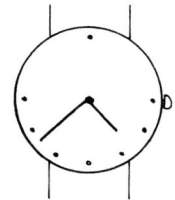

fem minutter   toogtyve minutter
over halv fem   **i** fem/otte minutter
                    over halv fem

Man kan også sige: 15.00 (femten nul nul) 15.30 (femten tredive) 15.45 (femten femogfyrre) 15.50 (femten halvtreds) 16.10 (seksten ti) 16.15 (seksten femten) 16.23 (seksten treogtyve) 16.25 (seksten femogtyve) 16.35 (seksten femogtredive) 16.38 (seksten otteogtredive)

5. Die wichtigsten Modalverben im Überblick

Inf. Präsens	Sprechabsicht/ Sprechhandlung	Beispiele
kunne - **kan**	Fähigkeit: Aufforderung: Bitte: Vorschlag:	Sanne kan lave kaffe. Kan du række mig brødet? Kan du ikke (godt) finde på noget andet? Så kan vi jo besøge dem senere.
måtte - **må**	Frage: Erlaubnis Erlaubnis: Verbot: Notwendigkeit:	Må jeg godt gå i biografen? *Darf ich .....* Det må du godt/gerne. Nej, det må du ikke. *Nein, das darfst du nicht.* Du må finde på noget andet. *Du mußt ...*
skulle - **skal**	Notwendigkeit, Vorschrift, For- derung: Befehl (statt Imperativ): Aufforderung, Vorschlag: Vorhaben, Ab- sicht:	Jeg skal skynde mig. Du skal komme hjem kl. 8. Du skal spise mere brød! Hvad skal vi lave? Skal vi ikke besøge Peter? Birte og Søren skal flytte.
ville - **vil**	Wollen, Absicht, Wunsch: Bitte: Frage:	Jeg vil gerne en tur i biografen. Jeg vil hellere se sport i fjernsynet. Vil du (ikke) godt give mig avisen? *Würdest du mir bitte .....?* Vil du have en kop kaffe mere? *Möchtest du .....?*

5C Grammatik

1. Modalverb + Infinitiv

Die wichtigsten Modalverben sind: **skulle, ville, måtte, kunne**. Ihre Präsensformen lauten: **skal, vil, må, kan**. Wenn ihnen ein Verb folgt, steht dieses im Infinitiv. Die meisten Infinitive werden dadurch gebildet, daß man an den Stamm ein **-e** anhängt.

> Hvad **skal** vi **lave**?
> **Vil** du **cykle** en tur?
> Vi **må finde** på noget andet.
> **Kan** du **finde** på noget?

2. Stellung des Infinitivs im Satz

Der Infinitiv steht v o r **S** (den Objekten/dem Prädikatsnomen) als **V** (siehe Einleitung, Absatz 4):

1	v	s	a	V	S	A
Jeg	vil		gerne	**cykle**	en tur.	
	Skal	vi	ikke	**gå**		i biografen?

3. Inversion

Die normale Reihenfolge der Satzglieder bietet eine Variationsmöglichkeit: Soll ein Satzglied betont werden oder an das Vorhergehende anknüpfen, kann man es an den Satzanfang (auf den **Platz 1**) stellen.

Wenn ein Aussagesatz mit einer adverbialen Bestimmung oder einem Objekt/Prädikatsnomen beginnt, folgt (wie im Deutschen, n i c h t wie im Englischen) das zeitgebeugte Verb **v** immer an zweiter Stelle **vor** dem Subjekt **s** (siehe Einleitung, Absatz 4):

1	v	s	a	V	S	A
Om mandagen	er	museet		lukket.		
Det	ved	jeg	ikke.			
I spisestuen	er	der		tre døre.		

5D Übungen

1. Ergänzen Sie mündlich nach folgendem Muster:
Svømmehallen har åbent om mandagen fra (*von*) kl. 13 til (*bis*) kl. 16.
a) . . . . . om tirsdagen . . . . .   b) . . . . om onsdagen . . . . .   c) . . . . . lukket
. . . . .   d) Museet har åbent om torsdagen fra . . . . .   e) . . . . . om søndagen
. . . . .   f) . . . . . lukket . . . . .

2. Umstellungsübung:
Formen Sie die Sätze in Übung 1. so um, daß Sie mit einer Zeitangabe anfangen:
Om mandagen har . . . . .   Om tirsdagen . . . . .

3. Fragen Sie nach den Öffnungszeiten mit **hvornår**:
A: Hvornår har svømmehallen åbent om mandagen?
B: Fra . . . . . til . . . . .
A:
B:

4. Vervollständigen Sie mit den Uhrzeiten:

Lørdag [clock] . . . . . spørger Søren Birte: Skal vi cykle en tur? [clock] . . . . .

regner det. [clock] . . . . . tager Birte og Søren til svømmehallen, men svømmehal-

len har lukket. De går en tur til [clock] , ... Så går de hjem. [clock] . . . . . skal

Birte besøge Pia. Søren cykler en tur til [clock] . . . . . . Så ser han sport i fjernsynet

til [clock] . . . . . . [clock] . . . . . kommer Birte hjem.

5. *Dialogübung*:

Sie diskutieren, ob Sie mit ihrem Bekannten ins Kino gehen wollen oder nicht.
Verwenden Sie das Strukturendiagramm unter 5B1:

A   B
(*Vorschlag*):
. . . . . en tur i biografen?
                                              ▶ (*Ablehnung*): Nej, ...
(*neuer Vorschlag*):
Vil du . . . . .   ◀

                                                (*Ablehnung*): Nej, ...
                                                (*Gegenvorschlag*): . . . . . ikke hellere . . . . .
(*Einverständnis*):   ◀
Jo, ...

6. *Dialogübung*:

Sie wollen ausgehen und diskutieren jetzt, was sie mit Ihrem Bekannten unternehmen
wollen . . . . .

A   B
(*Vorschlag*)
. . . . . gå til koncert?
                                              ▶ (*Ablehnung, Gegenvorschlag*)
(*Ablehnung, neuer Vorschlag*)   ◀
                                              ▶ (*Einverständnis*):
(*Frage: wie*):   ◀
gå eller cykle
                                              ▶ (*Entscheidung*): Jeg vil hellere . . . . .
(*Einverständnis*):   ◀

7. *Was gehört zusammen?*

35	otteoghalvtreds
77	fireoghalvfems
89	femoghalvfjerds
58	nioghalvfems
43	femogtredive
94	syvogtres
67	syvoghalvfjerds
75	treogfyrre
99	niogfirs

6A Text

En familie i Danmark

Maria fra Hamborg besøger Birte i Ålborg.

Maria spørger: Hvor mange børn har I, du og Søren?

Birte: Vi har to sønner og en datter. De hedder Jakob, Morten og Sanne. Morten på 14 og Sanne på 12 bor hjemme. Jakob er allerede 20 år gammel. Han læser på universitetet og bor på kollegium her i byen.

Maria: Har du ikke nogen billeder af jeres børn?

Birte: Jo da, mange. Her har vi et fotoalbum med billeder fra Mortens konfirmation. Så kan jeg vise dig hele familien: Det her er Morten og hans bedsteforældre. Til venstre for Morten står farmor og farfar, til højre for ham mormor og morfar.

Maria: Farmor og morfar, hvad betyder det?

Birte: Jo, ser du, Mortens mormor er min mor. Hans farmor er hans fars mor, altså min svigermor.

Maria: Nå sådan! Det er jo nemt nok.

Birte: På det næste billede kan du se Morten, hans søskende og hans fætre og kusiner. Nummer to fra venstre er Jakob, Mortens store-bror, og nummer tre fra højre er hans lillesøster Sanne.

Maria: Har du også søskende?

Birte: Ja, jeg har en søster.

Maria: Hvor gammel er hun?

Birte: Lis er 36 år gammel. Hun er gift med Knud. De har to børn, en dreng og en pige.

> Indbydelse
>
> I anledning af _Mortens konfirmation_
> ville det glæde os at se _Gerda og Hans-Erik_
> til _middag_ på _Strandhotellet_
> _søn_dag, den _3. maj_ kl. _12_
>   Med venlig hilsen
> S.u.   _Birte og Søren_

Fra konfirmationen har vi et „stamtræ" for Morten. Nu skal du se:

familie, -n, (-r) [fa'mil⁹jə]	*Familie*	ikke nogen ['ɛgə 'noːən]	*keine*
hvor mange [vɒ 'maŋə]	*wie viel(e)*	billede, -t, (-r) ['beləðə]	*Bild*, hier: *Foto*
barn, -et, (børn) ['baː⁹n]	*Kind*	jeres ['jɛɐ̯s]	*euer*
søn, -nen, (-ner) ['sœn⁹]	*Sohn*	jo da ['jo 'da]	*ja doch*
datter, -en, (døtre) ['dadɐ]	*Tochter*	mange (*Pl.*) ['maŋə]	*viele*
hjemme ['jɛmə]	*zu Hause*	fotoalbum, -(m)et, (-album) ['foto̯ˌalbɔm]	*Fotoalbum*
allerede [alə'ʀɛːðə]	*schon*	konfirmation, -en, (-er) [kɔnfiɐ̯ma'ʂoː⁹n]	*Konfirmation*
gammel ['gaml]	*alt*		
læse ['lɛːsə]	*lesen*, hier: *studieren*	hans ['hans]	*sein(e)*
universitet, -et, (-er) [univɛɐ̯si'teː⁹d]	*Universität*	bedsteforældre (*Pl.*) ['bɛsdəfɒˌɛldʀə]	*Großeltern*
kollegium, kollegiet, (kollegier) [ko'leː⁹giˌɔm]	*Studentenwohnheim*	venstre ['vɛnsdʀə]	*links*
		til venstre for [te(l) 'vɛnsdʀə 'fɒɐ̯]	*links von*

farmor, -en (-mødre) ['fɑːˀˌmoɐ̯]	*Oma (väterlicher-seits)*		næste ['nɛsdə]	*nächste(r/s)*
farfar, -en (-fædre) ['fɑːˀˌfɑː]	*Opa (väterlicher-seits)*		søskende (Pl.) ['søsgənə]	*Geschwister*
højre ['hɔjʁə]	*rechts*		fætter, -en, (fætre) ['fɛdɐ]	*Vetter*
til højre for [te(l) 'hɔjʁə 'fɒɐ̯]	*rechts von*		kusine, -n, (-r) [ku'siːnə]	*Cousine*
mormor, -en, (-mødre) ['mɒːˀˌmoɐ̯]	*Oma (mütterlicher-seits)*		nummer, -et, (numre) ['nɔmˀɐ]	*Nummer*
morfar, -en, (-fædre) ['mɒːˀˌfɑː]	*Opa (mütterlicher-seits)*		stor ['sdoːˀɐ̯]	*groß*
betyde [be'tyːˀðə]	*bedeuten*		bror, -en, (brødre) ['bʁoɐ̯]	*Bruder*
se ['seːˀ]	*sehen, hier: verstehen*		storebror, -en, (store brødre) ['sdoːɐ̯ˌbʁoɐ̯]	*großer Bruder*
mor, -en, (mødre) ['moːɐ̯]	*Mutter*		lille ['lilə]	*klein*
far, -en, (fædre) ['fɑː]	*Vater*		søster, -en, (søstre) ['søsdɐ]	*Schwester*
svigermor, -en, (-mødre) ['sviːˀɐ̯ˌmoɐ̯]	*Schwiegermutter*		lillesøster, -en, (små søstre) ['liləˌsøsdɐ]	*kleine Schwester*
altså ['alˀsɔ]	*also*		gift med ['gifd 'mɛ(ð)]	*verheiratet mit*
nå sådan ['nɔ 'sɔdn]	*ach so*		stamtræ, -et, (-er) ['sdɑmˌtʁɛːˀ]	*Stammbaum*
nem ['nɛmˀ]	*einfach*			
det er jo nemt nok ['de 'ɛɐ̯ jo 'nɛmˀd 'nɔg]	*das ist ja ganz einfach*			

6B Sprachgebrauch — Landeskunde

1. Verwandtschaftsbezeichnungen

dansk: bedsteforældre			tysk: *Großeltern*		
forældre	mand ↔ kone		*Eltern*	*Mann ↔ (Ehe)frau*	
	far	mor		*Vater*	*Mutter*
børn	søn og datter → søskende ← bror ↔ søster		*Kinder*	*Sohn und Tochter → Geschwister ← Bruder ↔ Schwester*	

Im Dänischen gibt es ein umfangreiches System von Verwandtschaftsbezeichnungen:
Großeltern: bedsteforældre, mormor, morfar (mütterlicherseits), farmor, farfar (väterlicherseits)

59

Onkel und Tanten: moster (mors søster), morbror (mors bror), faster (fars søster), farbror (fars bror), onkel, tante (angeheiratete Verwandte)

Die Bezeichnungen für Onkel und Tanten werden heutzutage in der Anrede kaum verwendet. Oft gebrauchen (besonders größere) Kinder in der Anrede auch statt **mor og far** die Vornamen. Das gleiche gilt auch den Schwiegereltern gegenüber.

2. Präpositionen bei Verwandtschaftsbezeichnungen

Sanne er datter **af** Birte, Birte er mor **til** Sanne.
Er heißt also: søn, datter, børn, børnebørn **af** . . . . .
aber: mor, far søster, bror, fætter, morbror **til** . . . . .

6C   Grammatik

1. Unregelmäßige Pluralformen (Vergl. 3C, 3.)

Einige Verwandtschaftsbezeichnungen haben unregelmäßige Pluralformen:

a ⟶ æ			a ⟶ ø		
far	fædre	['fɛðRə]	datter	døtre	['dœdRə]
mand	mænd	['mɛnˀ]	barn	børn	['bœɐ̯ˀn]

o ⟶ ø	
bror	brødre ['bRœðRə]
mor	mødre ['møðRə]

2. Genitiv

Der Genitiv wird durch das Anhängen der Endung **-s** gebildet: mor**s** søster, børnene**s** far, Birte**s** søn.

3. Possessivpronomen

	jeg	du	han	hun	vi	I	de
Sing.							
Utrum	min	din	hans	hendes	vores	jeres	deres
Neutrum	mit	dit					
Plural	mine	dine					

4. Das Possessiv-Reflexivpronomen der 3. Pers. Singular: sin, sit, sine

Wenn sich das Possessivpronomen auf das Subjekt desselben Satzes bezieht, verwendet man in der 3. Person Singular **sin, sit, sine**: Han tager **sin** cykel (sein eigenes Fahrrad). Ist dies nicht der Fall, müssen **hans** oder **hendes** verwendet werden: Han tager **hans** cykel (das Fahrrad eines anderen).
Als Teil des Subjekts selbst können nur **hans/hendes** bzw. **dens/dets** verwendet werden: Morten og **hans** søster tager deres cykler.

6D Übungen

1. *Welche Antwort paßt zu welcher Frage?*

  1. Hvor gammel er Jakob?
  2. Hvor studerer han?
  3. Har Søren en bror?
  4. Hvem er det?
  5. Hvor kommer han fra?
  6. Hvem er han gift med?
  7. Hvad laver Sanne?
  8. Hvor mange børn har Søren og Birte?
  9. Hvordan har du det?
  10. Hvornår cykler Birte på arbejde?
  11. Hvor er osten?
  12. Vil du have en kop kaffe?
  13. Hvor mange kopper er der på bordet?
  14 Hvornår har museet lukket?
  15. Vil du ikke med i biografen?

  a. Det har lukket om mandagen.
  b. Den står på bordet.
  c. De har tre børn.
  d. Ja, han har en storebror.
  e. Han er tyve år gammel.
  f. Det er Hans-Erik.
  g. Tak, fint.
  h. Han studerer på universitetet i Ålborg.
  i. Han er gift med Gerda.
  j. Jo tak, det vil jeg gerne.
  k. Hun laver kaffe.
  l. Han kommer fra Ribe.
  m. Hun cykler på arbejde kl. 6.
  n. Der er to.
  o. Ja tak, det vil jeg gerne.

2. *Beantworten Sie folgende Fragen:*
  a) Hvor gammel er Mortens far? b) Hvor gammel er Knuds svigermor? c) Hvor gammel er Jakobs farfar? d) Hvor gammel er Pernilles mor? e) Hvor gammel er Birtes svigerfar? f) Hvor gammel er Sannes morfar? g) Hvor gammel er Jørgens far?

3. *Ergänzen Sie*:

a) Birte er Mortens . . . . . b) Jakob er Mortens . . . . . c) Sanne er Sørens . . . . . d) Søren er Birtes . . . . . e) Jakob og Morten er Sannes . . . . . f) Sanne er Jakob og Mortens . . . . . g) Birte er Sørens . . . . . h) Sanne og Morten er farmors . . . . . i) Birte og Søren er Mortens . . . . .

4. *Ergänzen Sie*:

a) Din far og mor er dine . . . . . b) Din mors far er din . . . . . c) Din fars far er din . . . . . d) Dit barnebarns søster er dit . . . . . e) Din fars søn er din . . . . . f) Din mors forældre er dine . . . . . g) Din brors søster er din . . . . . h) Din søsters mor er din . . . . .

5. *Ergänzen Sie mit dem Possessiv oder dem Possessiv-Reflexivpronomen*:

a) Sanne siger: „Skynd dig, mor, ... kaffe er færdig!" b) Birte spørger hende: „Hvor er . . . . . bror?" c) Sanne: „Han sover på . . . . .værelse." d) Søren henter . . . . . avis, men Birte vil også læse i den, så hun tager . . . . . avis og siger: „Nu er det . . . . . avis!" e) Søren vil drikke . . . . . kaffe, men . . . . . kaffe er for stærk. f) Så tager Søren . . . . . cykel (*Fahrrad*) og cykler på arbejde. g) Senere vil Søren besøge . . . . . far og mor.
h) Birte og Søren og . . . . . børn skal flytte ind i . . . . . nye hus. i) Sanne ved ikke, hvor hun skal placere . . . . . seng. j) Hun vil ikke have . . . . . seng ved vinduet, men ved døren er der ikke plads. k) Hun spørger . . . . . bror: „Kan jeg ikke få . . . . .værelse?". l) Men i . . . . . værelse er der heller ikke plads til . . . . . seng ved døren. m) Så spørger hun . . . . . forældre: „Må jeg få . . . . . værelse?". Men de siger nej. De vil ikke flytte ud af . . . . . soveværelse. n) Søren siger: „Du kan flytte . . . . . seng ind i det lille værelse. Der er ikke nogen vinduer."

6. „Dav. Jeg hedder Marie Hansen. Det er min mand Niels. Vores datter hedder Heidi, og vores søn hedder Thomas. Heidi er syv år, og Thomas er ti."
Stellen Sie sich und Ihre eigene Familie vor
. . . . .

7. *Schauen Sie den Stammbaum von Morten an. Lassen Sie jetzt „morfar" seine Familie beschreiben, indem Sie auch die Verwandt-schaftsbezeichnungen entsprechend verän-dern*:

„Jeg er gift med Anne. Vi har to døtre . . . . . (*schreiben Sie bitte weiter* . . . . .)

7A Text

1 Birtes arbejde

Birte er børnehavepædagog. Hun arbejder i en børnehave fra kl. 6.30 om morgenen til kl. 13. Der er fire grupper med hver 15 børn i børnehaven: den gule, den grønne, den blå og den røde gruppe. Sammen med en kollega passer Birte den røde gruppe om formiddagen.

Efter morgenmaden vil børnene gerne gå en lille tur i parken, men først skal de have varmt tøj på, for det er koldt. De løber ud til den røde garderobe og tager deres jakker, huer og støvler på, men Sine på 3 år kan ikke finde sin jakke. „Hvordan ser din jakke ud", spørger Birte.

Sine: „Det ved jeg ikke . . . . . Jo, der er en brun bamse på min store lomme."

Birte: „Hvad for en farve har din jakke?"

Sine: „Den er gul med grønne og brune striber på."

Birte: „Se, her er den jo."

Sine: „Ja, men hvor er så min hue?"

Birte: „Se efter i din store lomme!"

Sine: „Nej, der er den ikke. Jeg tror den ligger på gulvet . . . . . måske . . . . ."

Birte: „Er det den blå hue her?"

Sine: „Nej, min hue er ikke blå."
Birte: „Kan du ikke huske, hvad for en farve den har?"
Sine: „Nej, den ser bare helt almindelig ud."
„Hvor er mine røde støvler? råber Jørgen.
„Birte, jeg kan ikke selv få mine nye overtræksbukser på," råber Nikolaj.
„Sikken et cirkus!" siger Birte.
„Ja, hold nu hellere op, ellers bliver Birte bare sur," siger Sine.
Birte ler.
Endelig er de færdige. En flok glade og støjende børn løber rundt i parken
og leger.

2 En sang for børn

Melodi: Vagn Skovlund   Tekst: Halfdan Rasmussen

1. I det fine hvide sand
   sidder lille Hansemand,
   han er bar fra top til tå,
   han har ingen bukser på.

2. På hans tommelfingernegl
   sidder der en lille snegl,
   på hans hårtop der er gul
   sidder der en sommerfugl.

3. Hvis han smiler eller ler
   sidder de der ikke mer,
   derfor sidder Hansemand
   stille i det hvide sand.

1
jakke, -n, (-r) ['jɑgə]	*Jacke*
sweater, -en, (-e, sweaterne) ['svɛdɐ]	*Sweater*
sko, -en, (-) ['sgoːˀ]	*Schuh*
et par sko ['ed 'paɐ 'sgoːˀ]	*ein Paar Schuhe*
støvle, -n, (-r) ['sdœwlə]	*Stiefel*
et par støvler ['ed 'paɐ 'sdœwlɐ]	*ein Paar Stiefel*
sok, -ken, (-ker) ['sɔg]	*Socke*
et par sokker ['ed 'paɐ 'sɔgɐ]	*ein Paar Socken*
frakke, -n, (-r) ['fʀagə]	*Mantel*
bukser (*Pl.*) ['bɔgsɐ]	*Hose*
et par bukser ['ed 'paɐ 'bɔgsɐ]	*eine Hose*

trøje, -n, (-r) ['tʀœjə]	*Strickjacke*
hue, -n, (-r) ['huːə]	*Strickmütze*
halstørklæde, -t, (-r) ['halstœɐ̯ˌklɛːðə]	*Schal*
børnehave, -n, (-r) ['bœɐ̯nəˌhaːvə]	*Kindergarten*
børnehavepædagog, -en, (-r) ['bœɐ̯nəhaːvəpɛdaˌgoːˀw]	*Kindergärtnerin*
arbejde ['ɑːˌbɑjˀdə]	*arbeiten*
morgen, -en, (-er) ['mɒːən]	*Morgen*
gruppe, -n, (-r) ['gʀubə]	*Gruppe*
hver ['vɛːˀɐ]	*je*
gul ['guːˀl]	*gelb*
grøn ['gʀœnˀ]	*grün*
blå ['blɔːˀ]	*blau*

rød ['ʀøð²]	*rot*
sammen med ['sɑmən mɛ]	*zusammen mit*
kollega, -en, (kolleger) [ko'le:ga]	*Kollege*
passe ['pasə]	hier: *hüten, betreuen*
formiddag, -en, (-e) ['fɒ:me̩da²]	*Vormittag*
park, -en, (-er) ['paʁg]	*Park*
først [fœʁsd]	*zuerst*
varm ['vɑ:²m]	*warm*
tøj, -et ['tɔi]	*Kleidung*
kold ['kɔl²]	*kalt*
løbe ['lø:bə]	*laufen*
garderobe, -n, (-r) [ga:də'ʀo:bə]	*Garderobe*
finde ['fenə]	*finden*
se ud [se 'uð²]	*aussehen*
brun ['bʀu:²n]	*braun*
bamse, -n, (-r) ['bamsə]	*Teddy*
lomme, -n, (-r) ['lɔmə]	*Tasche*
hvad for en [va fɒʁ 'e:²n]	*welche, welcher*
farve, -n, (-r) ['fɑ:və]	*Farbe*
stribe, -n, (-r) ['sdʀi:bə]	*Streifen*
tro ['tʀo:²]	*glauben*
ligge ['legə]	*liegen*
gulv, -et, (-e) ['gɔl²]	*Fußboden*
huske ['husgə]	*sich erinnern*
bare ['ba:a]	*nur, bloß*
almindelig [al'men²ə̩li]	*gewöhnlich*
selv ['sɛl²]	*selbst, allein*
ny ['ny:²]	*neu*
overtræksbukser ['ɔwdʀɛgs̩bɔgsɐ]	*Schihose*
råbe ['ʀɔ:bə]	*rufen*
sikken et cirkus ['segn ed 'siʁkus]	*was für ein Zirkus*
holde op [hɔlə 'ɔb]	*aufhören*
blive ['bli:ə]	*werden*
sur ['su:²ɐ]	*sauer*
le ['le:²]	*lachen*
endelig ['ɛn:li]	*endlich*
flok, -ken, (-ke) ['flɔg]	*Menge, Haufen; Schar*
glad ['glað]	*froh, fröhlich*
støjende ['sdɔiənə]	*lärmend, laut*
løbe rundt [lø:bə 'ʀɔnd]	*herumlaufen*
lege ['lajə]	*spielen*
2	
sang, -en, (-e) ['saŋ²]	*Lied*
melodi, -en, (-er) [melo'di:²]	*Melodie*
tekst, -en, (-er) ['tɛgsd]	*Text*
sand, -et ['san²]	*Sand*
sidde ['seðə]	*sitzen*
bar ['ba:²]	*bar, nackt*
fra top til tå ['fʀɑ 'tɔb te 'tɔ:²]	*von oben bis unten*
ingen ['eŋən]	*keine, keiner*
tommelfingernegl, -en, (-e) ['tɔmlfeŋ²ɐ̩naj²l]	*Daumennagel*
snegl, -en, (-e) ['snaj²l]	*Schnecke*
hårtop, -pen, (-pe) ['hɒ:tɔb]	*Schopf*
sommerfugl, -en, (-e) ['sɔmɐ̩fu:²l]	*Schmetterling*
smile ['smi:lə]	*lächeln*
mer = mere (vergl. 3A) ['me:²ɐ]	*mehr*
derfor ['deɐ²fɒ]	*deshalb*
stille *Adjektiv* ['sdelə]	*still*

7B Sprachgebrauch — Landeskunde

1. Einrichtungen zur Kinderbetreuung

Es gibt in Dänemark folgende Einrichtungen zur Kinderbetreuung:
vuggestue: Kinderkrippe für Kinder im Alter von 6 Monaten bis zu 3 Jahren
børnehave: Kindergarten für 3 – 6jährige
børnehaveklasse: Vorschulklasse für die 5 – 6jährigen
skole: Schule

fritidshjem: Freizeitheim für Kinder im Alter von 5 – 14 Jahren, vor und nach der Schule.

Da über 85% der Frauen in Dänemark berufstätig sind, verbringen fast alle Kinder einen Teil des Tages in Tagesstätten oder evtl. bei Tagesmüttern.

2. Berufsbezeichnungen

Fast alle Berufsbezeichnungen sind im Dänischen geschlechtsneutral. Es heißt deshalb: Birte er pædagog, Kirsten er lærer (*Lehrer/Lehrerin*), Sanne er skoleelev (*Schülerin/Schüler*).

3. Farben

Um welche Farben handelt es sich wohl?

blå	sort	brun	grøn
grå	rød	hvid	gul

Um mehr Farbnuancen zu unterscheiden, kann man Zusammensetzungen bilden mit **mørk** + **-e** (*dunkel*) oder **lys** + **-e** (*hell*), z. B.: mørkeblå, lyseblå.

7C Grammatik und Aussprache

1. Adjektivdeklination

	vorangestellt	*nachgestellt*
unbestimmt *Singular*	en rød_ jakke et rødt hus	*_ t
bestimmt *Singular*	den røde jakke det røde hus min røde jakke mit røde hus	jakken er rød_ huset er rødt
unbestimmt *Plural*	røde jakker røde huse	*e e
bestimmt *Plural*	de røde jakker de røde huse	jakkerne er røde husene er røde

---

* Anmerkung: Die unbestimmten, nachgestellten Formen kommen nur in verallgemeinernden Aussagen vor, wie: „en elefant er grå *ein Elefant ist grau*, græs er grønt *Gras ist grün*, roser er røde *Rosen sind rot*, jordbær er søde *Erdbeeren sind süß*".

Das Adjektiv kommt im Dänischen in drei verschiedenen Formen vor:

Grundform **ohne Endung**   gul
Grundform + **-t**   gult
Grundform + **-e**   gule

Adjektive können entweder vor einem Substantiv stehen: et rødt hus, oder als Prädikatsadjektiv nach den Verben være *sein* und blive *werden*: huset er rødt. In **beiden** Funktionen richtet sich die Form nach dem Geschlecht und Zahl des Substantivs.

Besonderheiten

1) Adjektive, die auf betonten Vokal enden, bleiben unverändert. Ausnahmen hiervon sind: Adjektive auf **-å**, denen im Neutrum ein **-t** hinzugefügt wird (blå — blåt) und die Adjektive fri (*frei*) und ny (*neu*) (fri — frit — frie, ny — nyt — nye).
2) Bei Partizipien auf **-et** wird t zu **d**, wenn die Beugungsendung **-e** hinzugefügt wird, z. B. forkølet → forkølede.
3) Adjektive auf **-el**, **-en**, **-er** verlieren das **-e**, wenn die Beugungsendung **-e** hinzugefügt wird, dabei wird ein eventueller Doppelkonstant vereinfacht: gammel → gamle, vågen → vågne, åben → åbne.
4) Beachten Sie aber auch die Konsonantenverdoppelung nach kurzem, betontem Vokal, wenn die Endung **-e** angehängt wird: grøn — grønne, træt — trætte, nem — nemme. (Vergl. **3C, 2.** Anm. 2)
5) Der Plural von **lille** (*klein*) heißt **små**.
6) Die Adjektive **lille** und **stille** sind flexionslos.

2. Der bestimmte Artikel

Geht dem Substantiv ein Adjektiv voraus, so steht wie im Deutschen der bestimmte Artikel vor dem Adjektiv. Dieser Artikel hat folgende Formen: Utrum **den**, Neutrum **det**, Plural **de**:
den røde jakke, **det** røde hus, **de** røde huse

3. Beachten Sie die Aussprache

Einige Adjektive mit Langvokal erhalten im Neutrum Kurzvokal plus -t und verlieren den Stoßton, z. B.:
blå ['blɔːˀ] — blåt ['blɒd], rød ['ʀøːˀð] — rødt ['ʀød], hvid ['viːˀð] — hvidt ['vid], dyb ['dyːˀb] — dybt ['dybd], god ['goːˀð] — godt ['gɔd], grå ['gʀɔːˀ] — gråt ['gʀɒd], lys ['lyːˀs] — lyst ['lysd], ny ['nyːˀ] — nyt ['nyd].
Alle Beugungsformen auf **-e** verlieren normalerweise den Stoßton (siehe **Einleitung 3.3**):
rød ['ʀøːˀð] — røde ['ʀøːðə], gul ['guːˀl] — gule ['guːlə]

7D Übungen

1. *Lesen Sie den Text* **7A1** *genau durch und tragen Sie die Adjektive dieses Textes in das richtige Kästchen ein*:

	vorangestellt	nachgestellt
unbestimmt Singular	en _____ tur - _____ tøj en _____ bamse	
bestimmt Singular	den _____ den _____ gruppe den _____ garderobe min _____ lomme din _____ lomme den _____ hue	det er _____ den er _____ min hue er ikke _____ Birte bliver _____
unbestimmt Plural	____ og ____ striber ____ og ____ børn	
bestimmt Plural	mine _____ støvler mine _____ overtræksbukser	endelig er de _____

2. *Einsetzübung*

   Muster: Vil du have *den grønne* hue? (grøn)
   Nej, jeg vil hellere have *den blå hue.* (blå)

   a) Vil du have . . . . lænestol? (rød) Nej, jeg vil hellere have . . . .
   . . . . . . (gul)
   b) Vil du have et par . . . . . bukser? (sort) Nej, jeg vil hellere have et par . . . . .
   . . . . . . (brun)
   c) Vil du have et par . . . . . støvler? (brun) Nej, jeg vil hellere have et par . . . . .
   . . . . . . (hvid)
   d) Vil du have . . . . jakke? (grå) Nej, jeg vil hellere have . . . .
   . . . . . . (rød)
   e) Vil du have . . . . jakke? (ny) Nej, jeg vil hellere have min . . . . .
   . . . . . . (gammel)
   f) Hvor er mine . . . . . sko? (ny) De står i dit . . . . . skab. (stor)
   g) Vil du gerne have . . . . . tøj? (ny) Nej, jeg vil hellere have . . . . bil. (ny)

3. *Setzen Sie die richtige Adjektivform ein*:

   a) Om morgenen er børnene . . . . . (træt).   b) Birte er heller ikke rigtig . . . . .
   (vågen), og hun er også lidt . . . . . (forkølet).   c) „Skal vi ikke drikke en kop . . . . .

kaffe (varm)?" siger Birtes kollega. „Det er en . . . . . ide (god)". siger Birte.   d)
Børnene er . . . . . (færdig) med deres morgenmad og siger til Birte: „Vejret er
. . . . . (fin), skal vi ikke gå en . . . . . tur (lille)?"

4. *Präpositionenen*: *Raum*
   Hvor er koppen?   Hvor står stolen?

på bordet	i skabet/ foran skabet
under bordet	ved bordet

Ergänzen Sie:

a) Sines hue er . . . . . garderoben, måske ligger den . . . . . gulvet?   b) Sine kan
ikke finde den, for den ligger . . . . . Nikolajs jakke.   c) Birte sidder . . . . . bordet
og spiser morgenmad.   d) . . . . . hende står der en kop kaffe, men . . . . . hendes
brød er der ikke noget smør.   e) Smørret står lige foran hende, men hun kan ikke
se det, for det er . . . . . Sørens avis.

5. Farverne:
   Se på Søren og Birtes spisestue og dagligstue i lektion 3. *Welche Farben würden Sie*
   für Wände, Türe und Möbel aussuchen?
   a) Væggene i dagligstuen skal være . . . . .   b) Sofabordet skal være . . . . . og
   sofaerne . . . . .   c) Reolen skal være . . . . . og lænestolene . . . . .   (*Schreiben*
   Sie selbst weiter!)

6. Det er koldt. Birte og Søren vil cykle en tur. Hvad for noget tøj skal de tage på?
   Sig det på dansk!

7. *Ratespiel*
   Sie beschreiben eine Person in der Gruppe, indem Sie auf Dänisch erklären, was
   er/sie trägt. Vergessen Sie nicht, die Farben der Kleidungsstücke zu erwähnen!
   Alle dürfen mitraten. Die beschriebene Person setzt das Spiel fort.
   Muster: Min person har en hvid bluse, en rød trøje og et par sorte bukser på.
            Hvem er det?

8A

8A Text

Udsalg

Sanne og hendes bedste veninde Mai-Britt er på vej hjem fra skole. De kommer forbi en tøjforretning og kigger på vinduerne:

Sanne: „Hov! De har jo udsalg. Lad os kigge, måske finder vi noget smart."

Mai-Britt: „Ja, men jeg har ikke flere penge."

Sanne: „Det har jeg heller ikke, men jeg beder min mor om penge til tøj. Den her nederdel er rigtig lækker og heller ikke så dyr.

Mai-Britt: „Nå, den er nu heller ikke ligefrem billig!"

Om aftenen siger Sanne til Birte: „Må jeg godt få penge til nyt tøj af dig? Tøjforretningen har udsalg, og der er en sød nederdel i min størrelse." „En nederdel? Du går da aldrig med nederdel! Men vi kan da godt gå derhen i morgen eftermiddag. Måske finder jeg også noget," siger Birte.

Næste eftermiddag går Sanne og Birte hen til tøjforretningen. Sanne prøver nederdelen: „Kan du lide den?"

Birte: „Den er ikke værst, men du skal nok have den et nummer mindre, så sidder den bedre."

Sanne: „De har kun to størrelser, stor og lille."

Birte: „Nej, Sanne. Det er engelsk: S betyder small og L er large."

Sanne: „Så er det jo den store, jeg har på!"

Birte: „Men hvad vil du egentlig bruge den til? Den er upraktisk. Hvad koster den?"

Sanne: „498 kr."

Birte: „Det er for dyrt! Kan du ikke finde en noget billigere?"

Sanne: „Du vil altid kun købe det billigste!"

Birte: „Den ser også så mørk og trist ud. Vil du ikke hellere have en lysere farve?"

Sanne: „Nej, jeg vil allerhelst have den her nederdel."

Birte: „O. k. men du har nu mere brug for et par varme bukser og en ulden sweater. Lad os kigge på nogle bukser, før forretningen lukker!"

udsalg, -et, (−) ['ud-‚sal²] — *Ausverkauf*

bedst (*Superlativ von god*) ['bɛsd] — *beste*

veninde, -n, (-r) [vɛ'nenə] — *Freundin*

på vej [pɔ 'vɑj²] — *auf dem Weg*

forbi [fɒ'bi:²] — *an . . . . . vorbei*

tøjforretning, -en, (-er) ['tɔjfɒ‚ʀɛdneŋ] — *Bekleidungsgeschäft*

hov! ['hɒw] — hier etwa: *he!*

smart ['smɑ:²d] — *schick*

noget smart ['nɔ:əð 'smɑ:²d] — *etwas Schickes*

ikke flere (*Pl.*, *Komparativ von* mange) ['egə'fle:ɐ] — *keine*

penge (*Pl.*) ['pɛŋə] — *Geld*

heller ikke ['hɛlɐ 'egə] — *auch nicht*

bede ['be:²] — *bitten*

den her/det her ['dɛn 'hɛ:²ɐ/de 'hɛ:²ɐ] — *dies-*

nederdel, -en, (-e) ['ne:ðɐ‚de:²l] — *Rock*

lækker ['lɛgə] — *lecker*, hier: *schick*

dyr ['dy:²ɐ] — *teuer*

ligefrem ['li:fʀɛm²] — *gerade*

billig ['bili] — *billig*

sød ['søð²] — *süß*

størrelse, -n, (-er) ['sdœɐɐlsə] — *Größe*

gå med ['gɔ:² 'mɛ(ð)] — *tragen*

aldrig ['ɑldʀi] — *nie*

derhen [dɛɐ'hɛn²] — *dorthin*

i morgen [i 'mɒːɒn] — *morgen*

eftermiddag, -en, (-e) ['ɛfdɐme‚da:²] — *Nachmittag*

hen ['hɛn²] — *eine oft nicht übersetzbare Richtungsangabe*

prøve ['pʀøːvə] — *probieren*

lide ['li:²] — *mögen, leiden mögen*

ikke værst (*Superlativ von* slem) ['vɛɐsd] — *nicht schlecht*

et nummer større ['ed 'nɔm²ɐ 'sdœɐɐ] — *eine Nummer größer*

sidde ['seðə] — *sitzen*, hier: *passen*

engelsk ['ɛŋ²lsg] — *englisch*

så er det jo den store, jeg har på ['sɔ 'ɛɐ 'de jo dɛn 'sdoːɐ 'jaj 'hɑ:² 'pɔ:²] — *dann habe ich ja den großen (Rock) an*

egentlig ['e:²jnd‚li] — *eigentlich*

bruge ['bʀuːə] — *gebrauchen, verwenden*

upraktisk ['upʀɑgtisg] — *unpraktisch*

koste ['kɔsdə] — *kosten*

hvad koster den? ['va 'kɔsdɐ 'dɛn] — *was kostet er?*

498 fire hundrede og otteoghalvfems

krone, -n (-r) ['kʀoːnə] — *dänische Münze, Abkürzung:* kr.

for dyrt [fɒɐ 'dy:²ɐd] — *zu teuer*

altid ['alti:²ð] — *immer*

trist ['tʀisd] — *traurig, trist*

allerhelst ['al²ɐhɛlsd] — *am allerliebsten*

o. k. okay

have brug for [ha 'bʀu:² 'fɒɐ] — *brauchen*

ulden ['ulən] — *aus Wolle, wollen*

kigge på ['kigə 'pɔ:²] — *anschauen*

nogle ['no:ən] — *einige, s.* **9C2**

før (*Konjunktion*) ['fø:²ɐ] — *ehe, bevor*

forretning, -en, (-er) [fɒ'ʀɛdneŋ] — *Geschäft, Laden*

lukke ['lɔgə] — *schließen, zumachen*

8B Sprachgebrauch — Landeskunde

1. Die Zahlen über hundert — Tallene over hundrede

101 et hundrede og en, 286 to hundrede og seksogfirs,
999 ni hundrede og nioghalvfems,
1000 et tusinde,
7526 syv tusinde fem hundrede og seksogtyve,
1991 et tusinde ni hundrede og énoghalvfems, men ved årstal *Jahreszahlen*: nitten hundrede og énoghalvfems

10.000 ti tusinde
100.000 hundrede tusinde
1.000.000 en million

2. Materialien — materialer

naturmaterialer: uld, bomuld, lærred, silke, læder *Wolle, Baumwolle, Leinen, Seide, Leder*
syntetiske materialer: nylon, akryl . . . . . Synthetiks haben fast die gleichen Bezeichnungen wie im Deutschen.
Wolle zum Stricken heißt auf Dänisch **garn**.

3. Damengrößen — størrelser for dametøj

small/lille		medium/middel		large/stor		X-large/meget stor	
34	36	38	40	42	44	46	48

4. bruge, skal bruge, have brug for

Merken Sie sich die unterschiedliche Bedeutung:

Birte **skal bruge** bilen i dag. Hvor mange penge **skal** du **bruge**? Sanne **har brug for** varme støvler.	*brauchen, benötigen*
Birte **bruger** nummer 40 i sko. Sanne **bruger** mange penge til tøj. Søren **bruger** mælk i kaffen.	*verwenden,* *verbrauchen,* *gebrauchen*
Han sælger (*verkauft*) **brugte** biler.	*gebraucht*

5. Understatement

Typisch für den Sprachgebrauch in Jylland ist das Understatement. Man äußert sich am liebsten vorsichtig, in Negativsätzen und nicht zu kategorisch. Z. B.: „Den er ikke ligefrem billig." (. . . nicht gerade billig). „Den er ikke værst" (nicht ganz so schlimm/schlecht) „ikke så tosset" (nicht so ganz verrückt).

8C Grammatik

1. Steigerung der Adjektive

a) Regelmäßig

dyr	dyrere	dyrest
billig	billigere	billigst
nem	nemmere	nemmest

Komparativ und Superlativ werden durch Anhängen der Endungen (-e)re und (-e)st gebildet.

b) Unregelmäßig

Viele der häufig verwendeten Adjektive werden unregelmäßig gesteigert, so z. B.:

god	bedre	bedst	*gut*
slem/ond	værre	værst	*schlimm/böse*
gammel	ældre	ældst	*alt*
ung	yngre	yngst	*jung*
stor	større	størst	*groß*
lille ⎱ små ⎰	mindre	mindst	Singular: *klein* ⎱ Plural: *kleine* ⎰
lidt	mindre	mindst	unzählbar: *wenig*
få	færre	færrest	zählbar: *wenige*
meget	mere	mest	unzählbar: *viel*
mange	flere	flest	zählbar: *viele*

c) Abgeleitete Adjektive, die auf -(e)t, -ende enden, Adjektive auf -s oder -isk, lange Adjektive und Fremdwörter bilden den Komparativ wie den Superlativ durch Voranstellen von **mere** bzw. **mest**.

forkølet	**mere** forkølet	**mest** forkølet
støjende	**mere** støjende	**mest** støjende
praktisk	**mere** praktisk	**mest** praktisk
interessant	**mere** interessant	**mest** interessant

2. Vergleich

Han er større **end** sin bror, *größer als*:

_____ **end**
Komparativ

men lige **så** stor **som** sin søster *so groß wie*:

(lige) så _____ **som**
Grundform

3. Demonstrativpronomen: *dies-*

	umgangssprachlich	schriftsprachlich
Utrum:	den her stol	denne stol
Neutrum:	det her hus	dette hus
Plural:	de her børn	disse børn

8D Übungen

1. *Finden Sie die entsprechenden Kleidungsstücke auf der Zeichnung und schreiben Sie einen dazu passenden Preis auf die Preisschilder. Lesen Sie dann die Preise vor!*

en kjole *Kleid* . . . . . kr., en jakke . . . . . kr., en skjorte *Hemd* . . . . . kr., en bluse *Bluse* . . . . . kr., en sweater . . . . . kr., et par sko . . . . . kr., et par strømper *Strümpfe* . . . . . kr., en frakke . . . . . kr., en nederdel . . . . . kr., et par bukser . . . . . kr., en trøje . . . . . kr.

2. *Was ist das Gegenteil von . . . . . ?*

dyr . . . . , lille . . . . . , ny . . . . , kedelig . . . . . , lys . . . . , lukket . . . . . , træt . . . . . ,
forkert . . . . . , kold . . . . , sur . . . . . , praktisk . . . . . .

3. *Hvad er rigtigt? Hvad er forkert?*

	rigtigt	forkert
a) Mai-Britt har mange penge.	☐	☐
b) Sanne vil bede Søren om penge til tøj.	☐	☐
c) Birte vil også gerne købe nyt tøj.	☐	☐
d) Birte kan godt lide nederdelen.	☐	☐
e) Nederdelen passer Sanne.	☐	☐
f) S betyder stor.	☐	☐
g) Birte siger, at nederdelen er praktisk og billig.	☐	☐
h) Sanne vil hellere have et par vinterbukser.	☐	☐

4. *Hvad er billigere? Hvad er dyrere?*
   (*Vergl. Übung 8D1 oben! Gehen Sie von Ihren eigenen Preisvorstellungen aus!*)

   Muster: Kjolen er billigere end blusen.
          A. Nej, blusen er billigere end kjolen.
          B. Nej, kjolen er dyrere end blusen.

   a) Jakken er billigere end skjorten.   A.
                                            B.

   b) Sweateren er dyrere end jakken.   A.
                                            B.

   c) Skoene er billigere end strømperne.   A.
                                            B.

   d) Frakken er dyrere end kjolen.   A.   Ja,
                                            B.   Ja,

   e) Bukserne er billigere end strømperne.   A.
                                            B.

   f) Trøjen er lige så dyr som frakken.   A.
                                            R

   g) Nederdelen er dyrere end kjolen.   A.
                                            B.

   h) Trøjen er billigere end skoene.   A.
                                            B.

5. *Bitte mündlich!*

   $958 + 787 =$ $2626 - 1999 =$
   $215 + 58 =$ $689 + 457 =$
   $1035 - 55 - 800 - 180 =$ $1766 + 244 =$
   $85 + 510 - 23 =$ $835 - 95 - 57 + 75 =$

6. *Vervollständigen Sie, indem Sie die richtige Komparativform (mit -ere oder mere) einsetzen:*

Muster: Morten er . . . . . end Sanne (gammel).

a) Jakob er . . . . . end Sanne (stor). b) Sannes værelse er . . . . . end Mortens (god). c) Mai-Britts støvler er . . . . . end Sannes (smart), men Sannes støvler er . . . . (varm). d) Bukser er . . . . end kjoler (praktisk). e) Spisestuen er . . . . end dagligstuen (lille). f) Sørens avis er . . . . . end Birtes (interessant). g) Børnene i Birtes gruppe er . . . . . end børnene i Eriks gruppe (støjende). h) I Danmark er sommerhuse (*Ferienhäuser*) . . . . . end i Tyskland (almindelig). i) Mørke farver er . . . . . end lyse (kedelig).

7. *Pakke kuffert — Koffer packen*
   Sie wollen in Urlaub fahren. Schreiben Sie auf, was Sie in Ihren Koffer packen wollen für . . . . .

   a) en sommerferie i Italien   *Sommerferien in Italien*
   b) en badeferie i Spanien   *einen Badeurlaub in Spanien*
   c) en ferie i et sommerhus   *Urlaub in einem Ferienhaus*
       i Danmark   *in Dänemark*
   d) en vinterferie i Norge   *Winterferien in Norwegen*

8. *Schauen Sie sich* Mortens stamtræ *in Lektion 6A an und diskutieren Sie, wer älter und wer jünger ist* . . . . .

   Verwenden Sie: . . . lige så gammel som
                      . . . ældre end, . . . yngre end
                      . . . den ældste, . . . den yngste

9A   Text

1 I tøjforretningen

Ekspeditrice: Goddag! Kan jeg hjælpe jer med noget?

Birte: Ja tak, vi vil gerne se på nogle bukser og sweatere.

Ekspeditrice: Ja, er det til dig selv eller til din datter?

Birte: Til os begge to. Vi bruger størrelse 36 og 40.

Ekspeditrice: Hvis I går med mig, så skal jeg finde noget frem til jer.

Birte: Har I ikke noget på udsalg?

Ekspeditrice: Kun hvad du kan se i vinduet.

Birte: Hvad koster cowboybukser?

Ekspeditrice: Dem har vi fra 300 kr. og opefter.

Birte og Sanne prøver mange forskellige bukser og sweatere. Nogle bukser er for små, andre er for store, og nogle passer. Birte vælger et par mørkerøde bukser og en hvid sweater. Sanne kan godt lide mørke farver; hun vælger et par lilla bukser og en sort sweater.

De går hen til kassen for at betale.

Birte: Jeg vil gerne have de to par bukser, den hvide og den sorte sweater og den mørke nederdel.

Ekspeditrice: Ja tak. Det bliver 1898 kr. i alt.

Birte: Kan jeg betale med check?

Ekspeditrice: Ja, naturligvis.

Birte: Må jeg skrive den på 2000 kr.?

Ekspeditrice: Ja, det er i orden.

Birte: Værsgo! Her er checken og mit ID-kort.

Ekspeditrice: Tak. Så får du 102 kr. tilbage.

Birte og Sanne: Farvel!

Ekspeditrice: Farvel og tak!

2 I møbelforretningen

Ekspedient: Hvad skulle det være?

Søren: Vi vil gerne se på et spisebord, gerne et rundt eller et ovalt. Det skal stå midt i spisestuen.

Ekspedient: Her er et lille rundt bord til 4 til 6 personer. Det koster 2798 kr.

Birte: Nej, det er for lille! Har I ikke ét noget større? Vi er en stor familie hjemme hos os.

Ekspedient:	Jo, men de større borde er også dyrere. Her er et ovalt bord af bøgetræ. Det koster 6998 kr.
Birte:	Det er dyrt! Har I ikke ét lidt billigere? Hvad koster det store, runde bord dér?
Ekspedient:	Det koster kun 3850 kr. Men træet er af en dårligere kvalitet. Det er fyrretræ.
Søren:	Jeg kan også bedre lide det ovale bord. Det er meget pænere. Jeg tror, vi tager det.
Birte:	Har vi råd til at købe det?
Søren:	Ja, det går nok.
Birte:	Så lad os tage det!
Ekspedient:	Ja tak. Vi kan levere bordet i morgen formiddag.
Birte:	Det er fint. Vi betaler ved leveringen. Farvel!
Ekspedient:	Farvel og mange tak!

1

ekspeditrice, -n, (-r) [ɛgsbedi'tʀiːsə] — *Verkäuferin*

hjælpe ['jɛlbə] — *helfen*

se på ['seː? 'pɔ:?] = kigge på — *anschauen*

begge to ['bɛgə 'toː?] — *beide*

hvis (*Konjunktion*) ['ves] — *wenn*

finde frem [fenə 'fʀɛm?] — *heraussuchen*

cowboybukser ['kɔwbɔi̯ˌbɔgsɐ] — *Jeanshose*

fra . . . og opefter ['fʀɑ . . . ɔ 'ɔbˌɛfdɐ] — *ab*

forskellig [fɒ'sgɛl?i] — *unterschiedlich*

for små (*Pl.*) ['fɒɐ 'smɔ:?] — *zu klein*

andre (*Pl.*) ['ɑndʀə] — *andere*

passe ['pasə] — *passen*

vælge ['vɛljə] — *wählen, sich aussuchen*

godt kunne lide ['gɔd 'kunə 'liː?] — *(leiden) mögen*

lilla ['lela] — *lila*

gå hen til [gɔ:? 'hɛn? te(l)] — *an . . . . . gehen*

kasse, -n, (-r) ['kasə] — *Kasse*

betale [be'taː?lə] — *bezahlen*

det bliver . . . ['de 'bliː?ɐ̯] — *das macht*

i alt [i 'al?d] — *zusammen*

check, -en, (-s) ['sɛg] — *Scheck*

naturligvis [na'tuɐ̯li'viː?s] — *selbstverständlich*

skrive ['sgʀiːvə] — *schreiben*

i orden [i 'ɒː?dn] — *in Ordnung*

ID-kort, -et, (—) ['iː?'deː?ˌkɒɐ̯d] — *Scheckkarte*

tilbage [te'baːjə] — *zurück*

2

ekspedient, -en, (-er) [ɛgsbedi'ɛn?d] — *Verkäufer*

Hvad skulle det være? ['va sgu de 'vɛːɐ̯] — *Was wünschen Sie bitte?*

rund ['ʀɒn?] — *rund*

oval [o'vaː?l] — *oval*

person, -en, (-er) [pɛɐ̯'soː?n] — *Person*

noget større ['nɔːəð 'sdœɐ̯ɐ] — *etwas größer*

hos ['hɔs] — *bei*

hjemme hos os ['jɛmə 'hɔs 'ɔs] — *bei uns zu Hause*

træ, -et, (-er) ['tʀɛː?] — *Baum, Holz*

78

bøgetræ, -et, (-er) ['bø:jə‚tʁɛ:ˀ]   hier: *Buchenholz*

lidt ['led]   *(ein) wenig*

dårlig ['dɒ:li]   *schlecht*

kvalitet, -en, (-er) [kvali'te:ˀd]   *Qualität*

fyrretræ, -et, (-er) ['fyʁɐ‚tʁɛ:ˀ]   hier: *Kiefernholz*

bedre kunne lide ['bɛðʁə 'kunə 'li:ˀ]   *lieber mögen*

pæn ['pɛ:ˀn]   *nett, hübsch*

have råd til [ha 'ʁɔ:ˀð 'te(l)]   *sich leisten können*

det går nok ['de 'gɒ:ˀ 'nɔg]   *es wird schon gehen*

levere [le've:ˀɐ]   *liefern*

levering, -en, (-er) [le've:ˀʁeŋ]   *Lieferung*

9B   Sprachgebrauch — Landeskunde

1. Im Geschäft — I forretninger

Den, som sælger (*verkauft*), er ekspedient (mand) eller ekspeditrice (kvinde) (*Frau*).
Den, som køber, er kunde (*Kunde*).
Ekspedienten/ekspeditricen kan spørge:

     Hvad skal du have?/
     Hvad skulle det være?/
     Kan jeg hjælpe dig/Dem med noget?

Kunden kan svare: Jeg vil gerne have en avis.
     Jeg vil gerne se på et bord.
     Jeg vil gerne kigge lidt.

Kunden kan spørge: Hvad koster den/det?
Ekspedient/ekspeditrice: Den/det koster . . . . .
Kunde: Godt. Jeg tager den/det.
     Jeg vil gerne have den/det.
     Nej, den er for dyr.
     Nej, det er for dyrt.

2. Zahlungsmittel

Es ist durchaus üblich, daß Ausländer in Dänemark mit Euroschecks bezahlen. In größeren Geschäften, Hotels und Restaurants werden auch internationale Kreditkarten als Zahlungsmittel angenommen. Viele Dänen haben eine sogenannte Dankort (siehe Bild), mit der sie in allen größeren Geschäften einkaufen und in den Banken Bargeld abheben können.

79

3. Anredeverhalten

Die neutrale Anredeform im Dänischen (vergleichbar mit dem deutschen Sie + Herr/Frau + Nachnamen) ist **du + voller Name**. De (*Sie*) + Nachname ist sehr höflich und wird heutzutage hauptsächlich in formellen Situationen verwendet. du + Vorname entspricht ungefähr dem deutschen Duzen.

deutsch	dänisch
Sie + Herr/Frau + Nachname	De + hr./fru + Nachname De + voller Name du + hr./fru Nachname **du + voller Name**
Du + Vorname	du + Vorname

ABER: Da die meisten Dänen wissen, daß die Anredeform Sie (vergl. De) im deutschen Sprachgebiet zum „guten Ton" gehört, sollte man sich als Deutschsprachiger mit einem allzu schnellen und auffälligen „du" in Dänemark etwas zurückhalten. Ein guter Rat: Warten Sie ab, ob Sie selber mit „du" oder „De" angesprochen werden!

9C Grammatik und Aussprache

1. Viel und wenig — Mange/meget og få/lidt

Unregelmäßige Adjektivkomparation, vergleichen Sie die Übersicht in **8C**

mange	flere	flest	(zählbar)
meget	mere	mest	(unzählbar)
få	færre	færrest	(zählbar)
lidt	mindre	mindst	(unzählbar)

Man verwendet **mange, flere, flest** und **få, færre, færrest** bei zählbaren Substantiven:
Hvor mange børn har du?
Han har kun få penge.
Man verwendet **meget, mere, mest** und **lidt, mindre, mindst** bei nicht zählbaren Mengen:
Hvor meget mælk kan du drikke?
Han får kun lidt at spise.

Merken Sie sich: **Penge** steht immer im Plural und wird mit **mange, flere, flest**, bzw.
få, færre, færrest verbunden:
Nederdelen koster mange penge. Mai-Britt har ikke flere.

Alter Schlagertext *Wer soll das bezahlen* . . .

Hvem skal nu betale?
Hvem har råd til mer'?
Hvem har mange penge, penge?
Jeg har ikke fler'!

2. Nogen, noget, nogle: Aussprache und Verwendung

Aussprache: nogen ['noːən] noget ['nɔːəð] nogle ['noːən]
In der gesprochenen Sprache hat **nogen nogle** verdrängt. Das geschriebene **nogle** wird
gewöhnlich ['noːən] gesprochen.

Verwendung:
a) Utrum, Singular:
   nogen: auf Personen bezogen:
   Er her **nogen**? *Ist hier jemand?*
   ikke nogen: auf ein Substantiv in Utrum Singular bezogen:
   De har **ikke nogen** (bil). *Sie haben kein (Auto).*

b) Neutrum, Singular:
   ikke noget: auf ein Substantiv in Neutrum Singular bezogen:
   Jeg vil gerne have et bord.
   Jeg har **ikke noget** (bord). *Ich habe keinen.*

c) Zur Bezeichnung von nicht zählbaren Mengen:
   noget: Vor Mengenbezeichnungen verwendet man immer **noget**, also auch vor
   Utrumsubstantiven:
   Jeg vil gerne have **noget** kaffe. *etwas*
   Jeg vil gerne have **noget** brød.

d) Plural:
   nogen, nogle: Auf Substantive im Plural bezogen besteht die Wahl zwischen **nogen**
   und **nogle**:
   Har du **nogen** børn? *überhaupt welche* — vergl. Englisch: *any*
   Jeg vil gerne se på **nogle** bukser. *einige* — vergl. Englisch: *some*

81

9D Übungen

1. *Sie gehen in ein Geschäft und wollen ein Paar Schuhe kaufen. Wie würden Sie sich in dieser Situation äußern? Es gibt manchmal mehrere Möglichkeiten. Streichen Sie die unpassenden Formulierungen durch! Sie sagen .....*
   a) Goddag. Jeg vil gerne se på et par sko.   b) Goddag. Jeg vil gerne have et par sko.   c) Goddag. Jeg vil gerne prøve et par sko.   d) Hej. Har du nogen sko?

   Der Verkäufer fragt nach Ihrer Schuhgröße. Sie antworten .....
   a) Nej, de er for store.   b) Jeg skal have nummer 40.   c) Jeg bruger mange forskellige størrelser.   d) Jeg bruger nummer 40 i sko.

   Sie probieren die Schuhe, aber sie passen nicht:
   a) De her er for store.   b) De er for grønne.   c) De passer mig ikke.   d) De er for små.   e) Det er ikke den rigtige farve.   f) Jeg kan ikke lide dem.

   Der Verkäufer holt andere Schuhe in einer anderen Größe. Sie sagen .....
   a) Ja, de her passer.   b) Ja, de her er smarte.   c) De her er i orden.

   ..... aber Ihnen gefallen diese Schuhe nicht. Sie sagen .....
   a) Jeg kan ikke lide dem.   b) Jeg kan ikke lide farven.   c) Har I ikke nogen større sko?   d) De er ikke så pæne som de andre.   e) Jeg vil gerne prøve nogle andre.

   Der Verkäufer holt andere Schuhe. Sie sind schick, aber sehr teuer. Sie sagen .....
   a) De er for dyre.   b) Har I ikke nogen billigere sko?   c) Hvad koster de?   d) De er upraktiske.   e) Har I nogen på udsalg?   f) Dem har jeg ikke råd til.

   Der Verkäufer bringt billigere Schuhe. Diese gefallen Ihnen nun .....
   a) Jeg tror, jeg tager dem.   b) De er meget pæne.   c) Dem vil jeg gerne have.   d) Jeg kan bedre lide de andre.

2. *Setzen Sie* **mange** — **flere** — **flest** *oder* **meget** — **mere** — **mest** *ein:*
   a) Bordet koster ..... penge, og nu har Søren ikke .....   b) I tøjforretningen har de ..... forskellige sweaters.   c) Birte skal ikke drikke så ..... kaffe, hun skal hellere lege ..... med børnene.   d) Birte siger: „Vil du ikke have noget ..... kaffe; der er ikke ..... i din kop."   e) Birte har ..... billeder af børnene.   f) Børnene drikker ..... mælk.   g) Ekspedienten siger: „Farvel og ..... tak!"

3. *Hier ist eine Übersicht über die Adjektive, die in den Lektionen 1 – 9 vorgekommen sind:*

   almindelig, bar, billig, blå, brun, dyb, dyr, dårlig, fin, forkert, forkølet, forskellig, færdig, få, gammel, glad, god, grøn, gul, hel, hvid, interessant, kedelig, kold, lidt, lilla, lille, lukket, lys, lækker, mange, meget, mørk, nem, ny, næste, oval, praktisk, pæn, rigtig, rund, rød, sidste, slem, smart, sort, stille, stor, stærk, støjende, sur, sød, trist, træt, ung, upraktisk, varm, voksen, åben.

In der folgenden Geschichte sind alle Adjektive weggelassen. Ergänzen Sie bitte diese Geschichte, indem Sie ein passendes Adjektiv in der richtigen Form einsetzen. Machen Sie mehrere unterschiedliche Geschichten daraus!
Hilfe: Die Adjektive, die zu dieser Geschichte passen könnten, sind unterstrichen. Denken Sie aber auch an die unregelmäßigen Steigerungsformen!

Maria og Peter vil købe . . . . . møbler til deres lejlighed. „I Danmark kan man købe . . . . . møbler," siger Maria til Peter. „Så lad os tage en . . . . . tur til Danmark," siger Peter. „Men er møbler ikke . . . . . i Danmark?" „Det ved jeg ikke, måske er de ikke . . . . . end her i Tyskland," siger Maria.
Maria og Peter kigger på vinduerne til en møbelforretning.
Maria: „De her møbler er ikke særlig . . . . ."
Peter: „Nej, de er rigtig . . . . ."
Maria: „Skal vi ikke finde en anden forretning, måske har de nogle . . . . . møbler.
        De her er vel nok . . . . . De . . . . . farver er meget . . . . ."
Maria og Peter kigger på møbler i en anden forretning:
Maria: „De her møbler kan jeg . . . . . lide. De er ikke så . . . . ."
Peter: „Ja, den . . . . . sofa er meget . . . . ."
Maria: „Ja, og se så det . . . . . spisebord."
Peter: „Nej, det ser da . . . . . ud!"
Maria: „Det er meget . . . . ."
Peter: „Nej, Maria. Det kan jeg ikke lide. Det må du aldrig købe!"

4. *Ergänzen Sie mit dem Pronomen im Genitiv:*

Søren	Det er en af hans	elever.	*Schüler*
jeg	Det er en af	elever.	
du	Det er en af	elever.	
De	Det er en af	elever.	
han	Det er en af	elever.	
hun	Det er en af	elever.	
Lise	Det er en af	elever.	
vi	Det er en af	elever.	
I	Det er en af	elever.	
Søren og Lise	Det er en af	elever.	
de	Det er en af	elever.	

5. *Setzen Sie die folgende Geschichte in die 3. Person Singular und Plural um:*
a) Jeg hedder Søren. b) Jeg bor i Ålborg. c) Min kone hedder Birte. d) Min familie er fra Jylland, men min storebror bor i København. e) Birte og jeg har tre børn, to drenge og en pige. f) Vores børn er store nu, men de kan godt lide at

være hjemme hos os. g) Min kone er børnehavepædagog. h) Jeg er lærer på en skole. i) Jeg kan godt lide mit job, men jeg får ikke så mange penge for mit arbejde. j) Vi har ikke så mange elever i hver klasse. k) Det er nemmere for os at have små klasser, og vores elever er ikke så støjende som børnene i børnehaven. l) Men vores elever kan også være slemme. m) Så bliver vi sure på dem, men så siger de til os: n) „I er nogle dårlige pædagoger. I har ikke forstand på børn."

Muster: a) Han hedder . . . . .

Nogle nye ord:

elev, -en, (-er) [e'leː²w]	*Schüler*
job, -bet, (−) ['djɔb]	*Job*
klasse, -n, (-r) ['klasə]	*Klasse*
forstand, -en [fɒ'sdan²]	*Verstand, Ahnung*
ikke have forstand på ['egə ha fɒ'sdan² 'pɔː²]	*keine Ahnung haben*

6. *På hittegodskontoret — Im Fundbüro*:
   Sie haben auf einer Reise in Dänemark Ihren Koffer verloren. Sie fragen im Fundbüro nach und müssen dort Ihren Koffer beschreiben. Füllen Sie bitte aus!
   Størrelse: . . . . . Farve: . . . . . Materiale: . . . . . Kuffertens indhold: *Inhalt des Koffers*: . . . . .

10A Text

Birte på indkøb

På vej hjem fra arbejde skal Birte købe ind.

I supermarkedet køber hun 2 liter mælk, en pakke smør, et stykke ost, 2 kilo mel og 1 kilo sukker, en pose te, et pund kaffe og en bakke æg.

I supermarkedet kan man købe næsten al slags mad, men Birte kan bedre lide at handle i de små forretninger. Det er hyggeligere, synes hun. Hun køber kød og pålæg hos slagteren, frugt og grøntsager hos grønthandleren, fisk hos fiskehandleren og brød hos bageren.

I dag vil Birte lave grillstegte kyllinger med bagte kartofler og salat til middag, så hun går til slagteren for at købe 2 kyllinger:

Slagteren: Goddag fru Pedersen. Hvad skulle det være?

Birte: Goddag. Jeg vil gerne have to kyllinger.

Slagteren: Ja, hvor store skal de være?

Birte: De må gerne være store, omkring 1200 gram.

Slagteren: Her har jeg to pæne, store kyllinger. De vejer tilsammen 2380 gram. Er de store nok, eller skal jeg finde nogle andre?

Birte: Jeg tror, at de er store nok.

Slagteren: Ellers andet?

Birte: Jeg vil også gerne have et stykke leverpostej og to lag rullepølse.

Slagteren: Ja tak. Ellers andet?

Birte: Nej tak, ikke mere i dag.

Slagteren: Jeg giver dig lige et par kødben med til hunden.

Birte: Tak for det! Farvel.

Slagteren: Farvel og tak!

Til sidst går Birte i banken for at betale regninger og hæve penge. Foran hende står der en udenlandsk kvinde, som vil indløse en check. Det må være svært for hende at finde ud af de danske tal, tænker Birte.

Vergleichen Sie Lektion 4A und 4B. Hier kommen schon einige der Vokabeln vor!

indkøb, -et, (-) ['enˌkøːˀb]	*Einkauf*
supermarked, -et, (-er) ['suːˀbɐˌmɑɐ̯gð]	*Supermarkt*
liter, -en, (-) ['lidɐ]	*Liter*
pakke, -n, (-r) ['pagə]	*Packung, Paket*
stykke, -t, (-r) ['sdøgə]	*Stück*
kilo, -et ['kilo]	*Kilo*
mel, -et ['meːˀl]	*Mehl*
sukker, -et ['sogɐ]	*Zucker*
pose, -n, (-r) ['poːsə]	*Tüte, Beutel*
te, -en ['teːˀ]	*Tee*
pund, -et, (—) ['punˀ]	*Pfund*
bakke, -n, (-r) ['bagə]	*Karton*
æg, -get, (-) ['ɛːˀg]	*Eier*
næsten ['nɛsdən]	*fast*
al ['alˀ]	*all-*
slags, -en, (-) ['slɑgs]	*Sorte*
handle ['hanlə]	*handeln, einkaufen*
hyggelig ['hygəli]	*gemütlich*
synes ['syns]	*finden, meinen, denken*
kød, -et ['køðˀ]	*Fleisch*

slagter, -en, (-e) ['slagdɐ]	*Schlachter, Metzger*
frugt, -en, (-er) ['fʁɔgd]	*Obst, Frucht*
grøntsag, -en, (-er) ['gʁœnˌsaːˀj]	*Gemüse*
grønthandler, -en, (-e) ['gʁœndˌhanlɐ]	*Gemüsehändler*
fisk, -en, (-) ['fesg]	*Fisch*
fiskehandler, -en, (-e) ['fesgəˌhanlɐ]	*Fischhändler*
bager, -en, (-e) ['baːjɐ]	*Bäcker*
grillstegt ['gʁilˌsdɛgd]	*gegrillt*
kylling, -en, (-er) ['kyleŋ]	*Hähnchen*
bage ['baːjə]	*backen*
bagt ['bagd]	*gebacken*
kartoffel, kartoflen, (kartofler) [kaˈtɔfl]	*Kartoffel*
salat, -en, (-er) [saˈlaːˀd]	*Salat*

middag, -en, (-e) ['meda] — als Mahlzeit: *warmes Essen*

for at ['fɒɐ ad] — *um zu*

omkring = cirka [ɔm'kʀɛŋ²] — *ungefähr, cirka*

gram (g), -met, (-) ['gʀam²] — *Gramm*

veje ['vajə] — *wiegen*

tilsammen [te'sam²n] — *zusammen*

nogle andre [noːən 'andʀə] — *einige andere*

at ['ad] — *daß*

ellers andet? ['ɛl²ʀs 'anð] — *sonst noch etwas?*

leverpostej, -en, (-er) ['leːwɐpoˌsdaj²] — *Leberpastete*

lag, -et, (-) [laːˀj] — *Aufschnitt* pålæg *wird oft schichtweise verkauft, Schicht*

rullepølse, -n, (-r) ['ʀuləˌpølsə] — *Preßwurst*

kødben, -et, (-) ['køðˌbeːˀn] — *Fleischknochen*

til sidst [te 'sisd] — *zuletzt, schließlich*

hund, -en, (-e) ['hun²] — *Hund*

bank, -en, (-er) ['baŋˀg] — *Bank*

regning, -en, (-er) ['ʀajneŋ] — *Rechnung*

hæve ['hɛːvə] — *abheben*

udenlandsk ['uːðənˌlan²sg] — *ausländisch*

kvinde, -n, (-r) ['kvenə] — *Frau*

som *Relativkonjunktion*) ['sɔm] — *der, die das*

indløse ['enˌløːsə] — *einlösen*

svær ['svɛːˀɐ] — *schwer, schwierig*

finde ud af ['fenə 'uðˀ a] — *herausbekommen; zurechtkommen mit*

tal, -let, (-) ['tal] — *Zahl*

tænke ['tɛŋgə] — *denken*

10B Sprachgebrauch — Landeskunde

1. Die üblichsten Verpackungen für Lebensmittel sind:

en flaske	en flaske mælk	*Flasche*
en pose	en pose te	*Tüte, Beutel*
en dåse	en dåse leverpostej	*Dose*
et glas	et glas honning	*Glas*
en æske	en æske chokolade	*Schachtel (Pralinen)*
en pakke	en pakke smør	*Packung*
en bakke	en bakke æg	*Karton*
en kasse	en kasse øl	*Kiste (Bier)*

Mengenangaben:

en liter/l	en liter mælk	*Liter*
et kilo/kg	et kilo ost	*Kilo*
et gram/g	100 g pålæg	*Gramm*
et pund	et pund kaffe	*Pfund*
et styk/stk.	to stykker ost	*Stück*

2. Übersicht über die üblichsten Lebensmittelgeschäfte

et supermarked, en købmand *Kaufmann*, en slagter, en bager, en fiskehandler, en grønthandler, en kiosk

3. Gebrauch von Präpositionen bei Geschäften

hos *bei*   **i** *in*
hos bageren   i supermarkedet
hos fiskehandleren   i møbelforretningen
hos slagteren   i tøjforretningen
Man verwendet **hos**, wenn der Ladenbesitzer, die Person gemeint ist, **i**, wenn man an das Geschäft als solches denkt.

4. Kroner og øre

Man skriver:	Man siger:
2,00 kr.	to kroner
0,50 kr.	halvtreds øre
2,50 kr.	to en halv krone/to kroner og halvtreds
1,50 kr.	halvanden krone
0,25 kr.	femogtyve øre
4,25 kr.	fire (kroner og) femogtyve
0,75 kr.	femoghalvfjerds øre
5,75 kr.	fem (kroner og) femoghalvfjerds

Da die kleinen Münzen (5 und 10 øre) seit 1990 aus dem Verkehr gezogen sind, müssen alle Preise zur nunmehr kleinsten Münze (25 øre) auf- bzw. abgerundet werden.

10C   Grammatik

1. Konjunktionen, die gleichwertige Sätze und Satzglieder verbinden können

> **og** *und*: Birte **og** Søren bor i Ålborg.
> Morten er 14, **og** Sanne er 12 år.
> **men** *aber*: Nederdelen er smart, **men** dyr.
> Børnene vil gerne gå en tur, **men** først skal de have varmt tøj på.
> **eller** *oder*: Vil du have kaffe **eller** te?
> Skal vi gå en tur, **eller** har du en bedre ide?
> (s. Übersicht über nebenordnende Konjunktionen im Anhang)

2. Infinitiv mit oder ohne at-*zu* (Vergl. 5C)
Den Infinitiv **ohne at** verwendet man
— nach den Modalverben **skulle, ville, måtte, kunne** und
— nach den Verben **turde** (wagen), **lade** und **gide** (vergl. **5A**).
Birte **skal købe** ind.
Hun **vil** gerne **have** to kyllinger.
De **må** gerne **være** store.
I supermarkedet **kan** man **købe** næsten alt.
Lad os **kigge** på planen over huset.
Jeg **gider** ikke **cykle** til skole i regnvejr.

Den Infinitiv **mit at** verwendet man in allen anderen Fällen:
Birte kan bedre lide **at handle** i de små forretninger.
Har du lyst til **at gå** en tur?
Hun går til slagteren **for at købe** to kyllinger.

10D   Übungen

1. *Die folgende Einkaufsliste ist durcheinander geraten. Schreiben Sie die Liste rich-tig!*

6 flasker æg
en pose smør
et stykke honning
et glas ost
en pakke marmelade
en bakke mælk
1 liter mel
1 kg øl

10D

2. *Wo kann man diese Waren kaufen? Bilden Sie sinnvolle Sätze!*

Man kan købe

pålæg		bageren
smør	i	slagteren
te		fiskeforretningen
aviser	hos	grønthandleren
brød		supermarkedet
øl		kiosken
kaffe		ostehandleren
rødspætter		
kartofler		
ost		
salat		
mælk		

3. *Ergänzen Sie . . .! Verwenden Sie* **hvor meget/hvor mange** *und* **noget/nogle** (vergl. **9C 1** und **2**)

Muster: A: Hvad skulle det være?
B: Jeg vil gerne have noget mælk.
A: Ja tak, hvor meget?
B: 2 liter.

a) A: Hvad . . . . . det være?
B: Jeg vil . . . . have . . . . . æg.
A: Ja tak, hvor . . . . .?
B: . . . . . .

b) A: . . . . . skulle . . . . være?
B: Jeg . . . . gerne . . . . smør.
A: Ja tak, hvor . . . . .?
B: . . . . . pund.

c) A: Hvad . . . . . det . . . . .?
B: Jeg vil gerne . . . . kartofler.
A: Ja tak, hvor . . . . .?
B: 2 . . . . . .

d) A: . . . .?
B: Jeg . . . . pålæg.
A: Ja tak, ...?
B: . . . . . g.

Schreiben Sie selbst weiter mit honning, ost, øl, kaffe, leverpostej, fisk.

4. *Formen Sie die folgenden Sätze um, so daß Sie mit dem unterstrichenen Satzglied anfangen . . .* (vergl. **5C3**)

a) Børnene vil gerne gå en tur efter morgenmaden.   b) De skal først have varmt tøj på.   c) Der er en brun bamse på Sines store lomme.   d) De glade børn løber rundt i parken.   e) Birte passer den røde gruppe sammen med en kollega.

f) Sines hue ligger ikke <u>i hendes store lomme</u>. g) Den ligger heller ikke <u>på gulvet</u>. h) Sines hue ligger <u>under Nikolajs jakke</u>. i) Birte bliver altid forkølet <u>om vinteren</u>. j) Jeg skal gå <u>nu</u>.

5. *Gehen Sie zum Gemüsehändler und kaufen Sie alles, was Sie zu einem Salat benötigen, ein. Schreiben Sie einen Dialog!*

6. *Zahlenübung: Bitte mündlich nach folgendem Muster:*

   × heißt **gange** *mal*

   Spørg din nabo: A: Hvad er 17×3?   B: Det er 51.

   Hvad er 6×4?   Det er ___.

$32 \times 4 =$	$5 \times 18 =$	$8 \times 6 =$
$14 \times 6 =$	$9 \times 9 =$	$15 \times 5 =$
$19 \times 5 =$	$27 \times 3 =$	$33 \times 3 =$
$47 \times 2 =$	$56 \times 3 =$	$99 \times 2 =$

7. *Åbningstider*:

   Bagerforretning:

Mandag	lukket	Torsdag	$6^{30} - 17^{30}$
Tirsdag	$6^{30} - 17^{30}$	Fredag	$6^{30} - 17^{30}$
Onsdag	$6^{30} - 17^{30}$	Lørdag	$6^{30} - 15$
		Søndag	$6^{30} - 15$

   Slagterforretning:

Mandag – Torsdag	$9 - 17^{30}$
Fredag	$9 - 18$
Lørdag	$9 - 14$
Søndag	lukket

   Spørg din nabo (*Nachbar*):

   Hvornår åbner | slagterforretningen | om . . . . .en?
   | bagerforretningen |

   Den åbner kl. . . . . . om . . . . .en.

   Hvornår lukker | slagterforretningen | om . . . . .en?
   | bagerforretningen |

   Den lukker kl. . . . . . om . . . . .en.

11A Text

Helle og Mads fortæller

Søren er dansklærer i en 9. klasse på en skole uden for Ålborg.
I 3. time har eleverne skriftlig dansk. Opgaven til i dag er: Beskriv din families hverdag. Her er to beretninger. Først fortæller Helle om sin families hverdag, og så fortæller Mads:

Helle skriver:
Jeg bor på en gård på landet. Min far og mor står altid meget tidligt op om morgenen og går begge to i stalden. Klokken kvart i syv vækker mor min bror Jens og mig. Vi skal selv lave morgenmad og cykle i skole.
For det meste kommer Jens og jeg hjem igen fra skole klokken kvart i to. Så få vi frokost og læser vores lektier. Klokken halv fire drikker vi alle eftermiddagskaffe og snakker sammen. Derefter skal mine forældre i stalden igen. Somme tider hjælper Jens og jeg også med at fodre kalvene. Hver eftermiddag fodrer jeg min hest Monty. Jens giver kattene mælk. Min far malker selv køerne. Det er jeg ikke så god til. Når vi er færdige i stalden, tager vi brusebad, og klokken halv syv spiser vi varm mad. Derefter hjælper vi hinanden med at rydde op.
Om aftenen kigger vi fjernsyn og drikker aftenkaffe. Klokken halv ti skal Jens og jeg i seng.
Naturligvis laver jeg også mange andre ting: Når det er fint vejr, rider jeg

en tur på Monty eller cykler hen til min veninde. Om vinteren spiller jeg volleyball og badminton henne på skolen om aftenen.

Mads skriver:

Hjemme hos os er vi tre personer: min mor, min lillesøster Tine på 8 år og jeg. Vi bor i et hus i byen.

Vi står op kl. 6³⁰ om morgenen og spiser morgenmad sammen. Kl. 7⁴² kører vi alle tre af sted med bussen. Min mor er ingeniør i et stort firma, og hun skal møde på arbejde hver morgen kl. 8. Jeg ved ikke, hvad hun laver på arbejde.

Når skolen er slut om eftermiddagen, kører jeg med bussen hjem og finder noget at spise i køleskabet. Efter skoletid skal jeg somme tider passe Tine, indtil mor kommer hjem kl. 15³⁰. Men for det meste er Tine henne i fritidshjemmet om eftermiddagen, og så læser jeg lektier så længe.

Fra 15³⁰ til 16 drikker vi eftermiddagskaffe sammen. Så cykler jeg hen til mine kammerater. En af mine venner har nemlig et værksted, hvor vi sætter gamle knallerter i stand, og så kører vi cross på en jordbane.

Om aftenen går jeg tit hen i ungdomsklubben, fordi jeg ikke gider se fjernsyn. Hver onsdag går jeg til et aftenskolekursus, der hedder: „Byg din egen computer." Der har vi en printplade, som vi skal sætte komponenter i.

---

fortælle [fɒ'tɛl'ə] — *erzählen*
dansklærer, -en, (-e) ['dan'ˌsglɛːɐ̯] — *Dänischlehrer*
9., niende ['niːˀənə] — *neunter*
uden for ['uðnfɒɐ̯] — *außerhalb*
3., tredje ['tʁɛðjə] — *dritter*
time, -n, (-r) ['tiːmə] — *Stunde*
elev, -en, (-er) [e'leːˀw] — *Schüler/Schülerin*
skriftlig dansk ['sgʁɛfdli 'dan'sg] — *Dänisch (schriftlicher Ausdruck)*
opgave, -n, (-r) ['ɔbgaːvə] — *Aufgabe*
beskrive [be'sgʁiːˀvə] — *beschreiben*
hverdag, -en, (-e) ['vɛɐ̯ˌdaːˀ] — *Alltag, Werktag*
beretning, -en, (-er) [be'ʁɛdniŋ] — *Bericht*
gård, -en, (-e) ['gɒːˀ] — *Hof*
land, -et, (-e) ['lanˀ] — *Land*

stå op [ˌsdɔ 'ɔb] — *aufstehen*
tidlig ['tiðli] — *früh*
stald, -en, (-e) ['sdalˀ] — *Stall*
vække ['vɛgə] — *wecken*
for det meste [fɒ de 'meːˀsdə] — *meistens*
noget at spise ['nɔːəð ad 'sbiːsə] — *etwas zu essen*
læse lektier ['lɛːsə 'lɛgsjɐ̯] — *Hausaufgaben machen*
eftermiddagskaffe, -n ['ɛfdɐmedasˌkafə] — *Kaffe am Nachmittag*
snakke sammen ['snagə 'samˀn] — *miteinander reden*
derefter ['dɛɐ̯ˌɛfdɐ] — *danach*
somme tider ['sɔm'tidɐ] — *manchmal*
fodre ['foðʁə] — *füttern*
kalv, -en, (-e) ['kalˀv] — *Kalb*
hest, -en, (-e) ['hɛsd] — *Pferd*

kat, -ten, (-te) ['kad] *Katze*
malke ['malgə] *melken*
ko, -en, (køer) ['ko:ʔ] *Kuh*
være god til *(etwas) gut können,*
[vɛːɐ 'goːʔ te] *beherrschen*
når [nɒːʔ] *Konjunkti-* *wenn*
on mit zeitlicher Be-
deutung
brusebad, -et, (-e) *Duschbad*
['bʁuːsə‚bað]
hinanden [hi'nanən] *sich, einander*
rydde op [ʁyððə 'ɒb] *aufräumen*
aftenkaffe, -n *Kaffee am Abend*
['afdn‚kafə]
ride ['ʁiːðə] *reiten*
spille ['sbelə] *vergl.* *etwas spielen*
lege *Lektion 7*
volleyball ['vɔli‚bɒːl] *Volleyball*
badminton *Federball*
['badmin‚tɒn]
henne ['hɛnə] *eine oft nicht über-*
setzbare Ortsangabe
køre ['køːɐ] *fahren*
alle ['alə] *alle*
bus, -sen, (-ser) ['bus] *Bus*
ingeniør, -en, (-er) *Ingenieur*
[ensjen'jøːʔɐ]
firma, -et, (-er) *Firma*
['fiɐma]
møde ['møːðə] hier: *erscheinen*
hver ['vɛɐʔ] *jeder*
slut ['slud] *schluß, aus*
køleskab, -et, (-e) *Kühlschrank*
['køːlə‚sgaːʔb]
efter skoletid ['ɛfdɐ *nach der Schule*
'sgoːlə‚tiðʔ]
indtil *Konjunktion* *bis*
['enʔte]

så længe [sɔ'lɛŋə] *so lange*
kammerat, -en, (-er) *Kamerad, Freund*
[kamə'ʁaːʔd]
ven, -nen, (-ner) *Freund*
['vɛnʔ]
nemlig ['nɛmli] *nämlich*
værksted, -et, (-er) *Werkstatt*
['vɛɐg‚sdɛð]
sætte i stand ['sɛdə i *instand setzen*
'sdanʔ]
knallert, -en, (-er) *Moped*
['knalʔɐd]
bane, -n, (-r) ['baːnə] *(Renn)bahn*
tit ['tid] *oft*
ungdomsklub, -ben, *Jugendtreff*
(-ber)
['ɒŋdɒms‚klub]
fordi *Konjunktion* *weil*
[fɒ'diːʔ]
gå til ['gɔːʔ 'te] hier: *Kurs/Unterricht*
besuchen
aftenskole, -n, (-r) *Abendschule, Volks-*
['afdn‚sgoːlə] *hochschule*
kursus, kurset, (kur- *Kurs*
ser) ['kuɐsus]
der ['dɛɐ] *Relativkon-* *der, die, das*
junktion
bygge ['bygə] *bauen*
egen ['ajən] *eigener*
computer, -en, (-e) *Computer*
[kɔm'pjuːtɐ]
printplade, -n, (-r) *Hauptplatine*
['pʁend‚plaːðə]
som ['sɔm] *Relativ-* *der, die, das*
konjunktion s. **10A**
sætte i [sɛdə 'iːʔ] *hineinsetzen*
komponent, -en, (-er) *Komponente*
[kɔmpo'nɛnʔd]

11B   Sprachgebrauch − Landeskunde

1. Die Ordnungszahlen 1 – 10

1.	første ['fœɐsdə]	6.	sjette	['sjɛːdə]
2.	anden ['anən]	7.	syvende	['sywʔunə]
3.	tredje ['tʁɛðjə]	8.	ottende	['ɒdnə]
4.	fjerde ['fjɛːɐ]	9.	niende	['niːʔənə]
5.	femte ['fɛmdə]	10.	tiende	['tiːʔenə]

2. Zeiten und Mahlzeiten — Tider og måltider

Tid	Måltid
morgen kl. 5 — 9 formiddag kl. 9 — 12 middag kl. 12 eftermiddag kl. 12 — 18 aften kl. 18 — 24 nat kl. 24 — 5	morgenmad frokost eftermiddagskaffe middag (varm mad) og aftenkaffe

Bedingt durch die räumliche Trennung von Arbeitsplatz und Wohnort in der modernen Gesellschaft nehmen die meisten Dänen nunmehr erst abends eine warme Mahlzeit ein. Diese warme Mahlzeit (die früher ja immer mittags eingenommen wurde) nennt man immer noch **middag**.
Mittags wird heutzutage meistens eine leichte, zumeist kalte Mahlzeit eingenommen (Brot mit Aufschnitt, Käse, Salate oder ähnliches). Diese Mahlzeit bezeichnet man als **frokost** *Lunch*.

3. Hvor tit hjælper Helle i stalden?

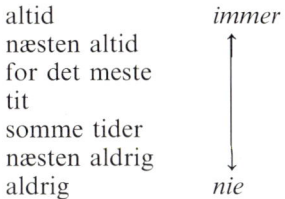

altid   *immer*
næsten altid
for det meste
tit
somme tider
næsten aldrig
aldrig   *nie*

4. Gebrauch von Präpositionen bei Ort, Raum, Richtung

95

bag	hinter	på	auf, an
foran	vor	til	nach, zu
fra	von, aus	uden for	außerhalb
i	in	under	unter
mellem	zwischen	ved	bei, an
over	über	ved siden af	neben

Der Gebrauch von **på** bzw. **i** bei Institutionen, Raum- und Ortsangaben ist weitestgehend auf sprachliche Konventionen zurückzuführen:

på	i
Søren er lærer **på** en skole.	Birte er pædagog **i** en børnehave.
Niels arbejder **på** en fabrik.	Mads' mor er ingeniør **i** et firma.
Helle bor **på** en gård **på** landet.	Mads bor **i** et hus **i** byen.
Søren går **på** arbejde.	Sanne går **i** skole.
Vi spiller volleyball henne **på** skolen.	Tine er **i** fritidshjemmet.

Der Gebrauch von **på** bzw. **i** bei geographischen Namen ist dagegen geregelt:
Es heißt **på** bei Inseln, aber **i** wenn es um ein Festland oder einen Staat geht:

Niels bor **på** Sjælland.	Søren bor **i** Jylland.
	Hildur bor **i** Island.

11C Grammatik

1. Einige Konjunktionen, die Nebensätze einleiten können (Gesamtübersicht im **Anhang**)

allgemein einleitend:	at	Jeg tror, **at** de er store nok. (10)	daß
zeitlich:	før	Lad os kigge på bukserne, **før** de lukker. (8)	bevor, ehe
	indtil/ til	Jeg passer Tine, **indtil/til** mor kommer hjem. (11)	bis
	når	**Når** skolen er slut, kører jeg hjem. (11)	wenn
bedingend:	hvis	**Hvis** I går med mig, skal jeg finde noget frem. (9)	wenn, falls

begründend:	**fordi**	Jeg går hen i ungdomsklubben, **fordi** jeg ikke gider se fjernsyn. (**11**)	*weil*
Relativ-sätze	**som**	Vi har en printplade, **som** vi skal sætte komponenter i. (**11**)	*der, die, das*
	der	Jeg går til et kursus, **der** hedder . . . . . (**11**)	*der, die, das*
indirekte Fragesätze	**hvad**	Jeg ved ikke, **hvad** hun laver. (**11**)	*was*
	hvor	Min ven har et værksted, **hvor** vi sætter knallerter i stand. (**11**)	*wo*

2. Die Reihenfolge der Satzglieder im Nebensatz
(Vergl. **Einleitung**, Absatz 4, **Lektion 1C4, 5C2 – 3**)

Im Nebensatz stehen die Satzglieder in einer **festen** Reihenfolge. Deshalb ist es eine große Hilfe, wenn man sich folgendes Schema einprägt:

Nebensatzschema

Konjunktionsfeld		*Mittelfeld*			*Nachfeld*		
	k	**s**	**a**	**v**	**V**	**S**	**A**
(Birte siger,)	at	hun	ikke	vil	lave	mad	i dag

Wenn wir die Schemen für Hauptsatz und Nebensatz vergleichen, sehen wir, daß das Schema für den Nebensatz kein Vorfeld hat, (also auch keinen Platz 1 für unterschiedliche Satzglieder), und daß die Reihenfolge der Satzglieder im Mittelfeld in den beiden Schemen unterschiedlich ist (Hauptsatz: **v – s – a**, Nebensatz: **s – a – v**). Außerdem werden die meisten Nebensätze von einer unterordnenden Konjunktion eingeleitet.
Merken Sie sich auch die Unterschiede zum deutschen Satzbau, insbesondere die Stellung der Prädikate.

k	**s**	**a**	**v**	**V**	**S**	**A**
at	de	måske	er	store nok		
før	de		lukker			
indtil	mor		kommer			hjem
når	skolen		er	slut		
hvis	I		går			med mig
som	vi	nu	skal	sætte komponenter		i
hvad	hun		laver			på arbejde
hvor	vi		sætter	knallerter		i stand

3. hen – henne, hjem – hjemme

Grundform ohne Endung:	**-e-Form:**
Jeg cykler **hen** til min veninde.	Jeg spiller volleyball **henne** på skolen.
Jeg kører med bussen **hjem**.	Min mor er ikke **hjemme**.

Die Grundform ohne Endung zeigt eine Bewegung oder Richtung an.
Die -e-Form bezeichnet einen Zustand oder ein Verbleiben am Ort. (siehe auch **Lektion 19C1**)

11D Übungen

1. *Setzen Sie folgende Wörter ein*: **bag, foran, mellem, ved, ved siden af, over, på, under**

Sannes nye værelse:
a) Sanne stiller sengen . . . . døren, og hun stiller skrivebordet (*Schreibtisch*) . . . . vinduet. b) Billedet af deres hund kommer op . . . . væggen . . . . sengen. c) . . . . skrivebordet står der en stol, og . . . . skrivebordet står Sannes reol. d) Der er også plads til en lille garderobe . . . . døren. e) Skabet til Sannes tøj står . . . . reolen og garderoben. f) Sanne vil gerne købe en lænestol. g) Den skal stå . . . . sengen og skrivebordet. h) Måske er der også plads til et lille bord . . . . sengen.

2. *Rod/Unordnung*

Spørg din nabo: A: Hvor er . . . . .
                  B: Den/det ligger/står/er . . . . .
Vi skal nu rydde op i køkkenet; hvor stiller vi tingene hen?

3. *Verbinden Sie die beiden Sätze, so daß ein Hauptsatz plus Nebensatz entsteht:*
   Verwenden Sie: **at, hvis, når.**

   a) Helle siger: Søren er en god lærer.   b) Helle hjælper i stalden. Hun har lyst til
   det.   c) Helle fortæller: Jens skal give kattene mælk.   d) Jens vil også gerne have
   en hest. Han bliver større.   e) De tager brusebad. De er færdige i stalden.   f)
   Mads kører med bussen hjem. Skolen er slut.   g) Mads fortæller: Hans kamme-
   rat har et værksted.   h) Mads' mor vil gerne tage en tur i svømmehallen sammen
   med Mads og Tine. De gider.   i) Børnene vil gerne gå en tur i parken. Det er fint
   vejr.   j) Børnene skal have varmt tøj på. Det er koldt.   k) Birte synes: Det er
   hyggeligt at gå en tur.

4. *Lesen Sie die Berichte von Helle und Mads nochmals durch und tragen Sie in das*
   Schema ein, was Helle und Mads im Laufe des Tages tun:

Helle	Mads
6.45	6.30
8 – 13.30	7.42
15.30	8 – 13.30
18.30	15.30
21.30	16

5. *Schreiben Sie selbst einen kurzen Bericht darüber, was Sie im Laufe des Tages tun:*
   Jeg står op . . . . .

6. *Interview:*
   Eleverne laver et interview med Søren. Skriv spørgsmålene til Sørens svar!

   a) Jeg bor i Ålborg.   b) Ja, jeg er gift.   c) Vi har tre børn.   d) De er 20, 14 og 12
   år gamle.   e) Vi står op kl. 6^{30}.   f) Så spiser vi morgenmad.   g) Kl. 7^{30} cykler
   jeg på arbejde.   h) Ja, jeg kan godt lide mit job.   i) Jeg er hjemme igen kl. 14.   j)
   Så spiser vi frokost og rydder op.   k) Jeg kan bedst lide at læse om aftenen.   l)
   Jo, hvis der er en god film, ser vi fjernsyn.   m) For det mest går jeg sent i
   seng.   n) Ja, jeg kan godt lide at lave mad.

12A Text

1 Mads' brev

Mads har feriejob på Ærø. Han skal hjælpe havnefogeden i Ærøskøbing med at rydde op på havnen. Han skriver et brev til sin mor for at fortælle, hvad han har oplevet:

Ærøskøbing, 3. juli 1991

Kære mor!

Jeg kom godt herover for to dage siden. Havnefoged Peter Jensen tog imod mig ved færgen og viste mig, hvor jeg skulle bo.

I går var min første arbejdsdag. Jeg fik en brun papirsæk, og så sagde Jensen, at jeg skulle samle det affald op, der lå på havnen. Bagefter skulle jeg tømme affaldskurvene og sortere affaldet i tre bunker: papir, plastic og metal. Bunken med metal var den største. Der var utrolig mange tyske øldåser. Bagefter skulle jeg så gøre rent i toilet- og baderummene.

I dag har jeg næsten lavet det samme som i går, men jeg har også haft tid til at snakke lidt med sejlerne. Det er mest både fra Tyskland, der ligger her i havnen. Jeg ville gerne snakke lidt mere med sejlerne, for de er meget flinke, men jeg er jo ikke så god til tysk, og de kan slet ikke snakke dansk. Det eneste danske ord, som de kender, er „havnepenge". I morgen skal jeg med Jensen en tur til Marstal. Det glæder jeg mig til.

Kærlig hilsen fra Mads

P.S.: Hils Tine fra mig!

2 Private breve og forretningsbreve

Søren skriver til en af sine kolleger:

Ålborg, 30. 1. 1992

Kære Peter!

Vil du godt tage 8. klasse i dansk på fredag? Jeg skal til et møde.

Venlig hilsen
Søren

Søren vil gerne købe et nyt sejl til sin folkebåd, men først vil han have oplysning om, hvad det koster:

```
     Søren Pedersen
     Bakkevejen 29
     9200 Ålborg SV

                                   Ålborg, 30.03.1993


     Skibshandel A/S
     Søndergade 67

     7100  Vejle



     Storsejl

     Vi beder Dem sende et tilbud på et storsejl til
     en folkebåd.
     Vær så venlig at sende os Deres skriftlige tilbud
     med oplysning om pris, levering og betaling.

     Med venlig hilsen


     Søren Pedersen
     Søren Pedersen
```

Skibshandel A/S,
Søndergade 67, 7100 Vejle

Telefon 75 17 67 11: Telefax 75 17 67 12
Giro 9 39 36 45

Hr. Søren Pedersen
Bakkevejen 29

9200 Ålborg SV

Deres ref.	Deres brev 1993-03-30	Vores ref. AJ/EK	Dato 1993-04-10
--			

Storsejl

Vi takker for Deres brev af 30.03.93. Vi henviser til vedlagte brochure.

Med venlig hilsen

Skibshandel A/S

Aksel Jakobsen

Bilag: Brochure med prisliste

1
brev, -et, (-e) ['bʀɛːˀv] *Brief*
feriejob, -bet, (-) *Ferienjob*
  ['feːˀɐjəˌdjɔb]
Ærø ['ɛːʀøːˀ]
havnefoged, -en, (-er) *Hafenmeister*
  ['hawnəˌfoːð]

Ærøskøbing
  ['ɛːʀøsˌkøːˀbeŋ]
havn, -en, (-e) *Hafen*
  ['hawˀn]
opleve (1) ['ɔbˌleːˀvə] *erleben*
kære ['kɛːɐ] *Anrede in liebe(r)
  Briefen*

herover ['hɛɐ̯'ɔwɐ]	hierher, hier 'rüber
for . . . . . siden ['fɒɐ̯ . . . 'si:ðən]	vorzeitlich
tage imod, tog imod, (har taget) (U) [ta i'moː:ˀð]	empfangen
færge, -en, (-er) ['fɛɐ̯wə]	Fähre
i går [i 'gɒː:ˀ]	gestern
være, (er) var, (har været) (U) ['vɛːɐ̯]	sein
arbejdsdag, -en, (-e) ['aːbɑjds̩daːˀ]	Arbeitstag
få, fik, (har fået) (U) ['fɔː:ˀ]	bekommen
papirsæk, -ken, (-ke) [pa'piː:ˀɐ̯s̩ɛg]	Papiersack
sige, sagde, (har sagt) (U) ['siːə]	sagen
samle op (1) [ˌsamlə 'ɔb]	sammeln
affald, -et ['awfalˀ]	Abfall
ligge, lå, (har ligget) (U) ['leɡə]	liegen
bagefter ['baːˀjˌɛfdɐ]	danach
tømme (2) ['tømə]	leeren
affaldskurv, -en, (-e) ['awfalsˌkuɐ̯ˀw]	Abfallkorb
sortere (1) [sɒ'teːɐ̯]	sortieren
bunke, -n, (-r) ['bɒŋɡə]	Haufen
papir, -et, (-er) [pa'piː:ˀɐ̯]	Papier
plastic, -en/-et, (-er) ['plasdig]	Plastik, Kunststoff
metal, -let, (-ler) [me'tal]	Metall
utrolig [u'tʀoː:ˀli]	unglaublich
tysk ['tysg]	deutsch
øldåse, -n, (-er) ['ølˌdɔːsə]	Bierdose
gøre rent, (gjorde, har gjort) (U) [gøːɐ̯ 'ʀɛjˀnd]	saubermachen
(det) samme ['samə]	das gleiche, dasselbe
det samme som [de 'samə sɔm]	dasselbe wie
have tid til [ha 'tiː:ˀð te]	Zeit für etwas haben
sejler, -en, (-e, sejler- ne) ['sajlɐ]	Segler
båd, -en, (-e) ['bɔː:ˀð]	Boot
flink ['fleŋˀg]	nett, freundlich
slet ikke ['slɛd ˌeɡə]	gar nicht

dansk ['dansg]	Dänisch
det eneste [ˌde 'eːnəsdə]	das einzige
ord, -et, (-) ['oː:ˀɐ̯]	Wort
kende (2) ['kɛnə]	kennen
havnepenge ['hawnəˌpɛŋə]	Hafengebühr
glæde sig til (1) ['glɛːðə ˌsaj te]	sich auf etwas freuen
kærlig hilsen ['kɛɐ̯li 'hilsn]	herzliche Grüße
2	
privat [pʀi'vaː:ˀd]	privat
forretningsbrev, -et, (-e) [fɒ'ʀɛdneŋsˌbʀɛː:ˀv]	Geschäftsbrief
vil du godt ['vel ˌdu 'gɔd] vergl. 4B1	würdest du bitte . . . . .
på fredag [pɔ 'fʀɛjˀda]	am kommenden Frei- tag
venlig ['vɛnli]	freundlich
sejl, -et, (-) ['sajˀl]	Segel
folkebåd, -en, (-e) ['fɔlɡəˌbɔː:ˀð]	Folkeboot (Segel- bootklasse)
oplysning, -en, (-er) (om) ['ɔbˌly:ˀsneŋ]	Auskunft
skibshandel, -en, (-er) ['sgibsˌhanˀl]	Geschäft: Schiffsaus- rüster
A/S, aktieselskab, -et, (-e) ['agsjeˌsɛlˌsgaː:ˀb]	Aktiengesellschaft
sende (2) ['sɛnə]	senden
tilbud, -(d)et, (-) ['telˌbuð]	Angebot
storsejl, -et, (-) ['sdoɐ̯ˌsajˀl]	Großsegel
vær så venlig ['vɛː:ˀɐ̯ sɔ 'vɛnli]	seien Sie bitte so freundlich
pris, -en, (-er) ['pʀiː:ˀs]	Preis
betaling, -en, (-er) [be'taː:ˀleŋ]	Bezahlung
ref., reference, -en, (-er) [ʀɛfə'ʀaŋsə]	Geschäftszeichen
takke (1) ['tɑɡə]	sich bedanken
af ['a]	hier: von
henvise (2) (til) ['hɛnˌviː:ˀsə]	verweisen (auf)
vedlagt ['veðˌlagd]	in der Anlage, anbei
brochure, -n, (-r) [bʀo'sy:ɐ̯]	Prospekt
bilag, -et, (-) ['biˌlaː:ˀj]	Anlage
prisliste, -n, (-r) ['pʀisˌlesdə]	Preisliste

12B Sprachgebrauch — Landeskunde

1. Briefe — Breve

	Privatbriefe	Geschäftsbriefe
Ort und Datum	**København, d. 5. december 1992.** **København, 5. 12. 1992.**	**København, 05. 12. 1992** **København 1992-12-05**
Brief-anfang	**Kære** + Name	(In Geschäftsbriefen ist keine Anrede üblich)
Brief-abschluß	Freunde und eigene Familie: **Kærlig hilsen** weniger familiär: **De bedste hilsener** **Venlig hilsen** neutral: **Med venlig hilsen**	**Med venlig hilsen**
Formalia:	—	1) Angabe von Geschäfts-zeichen: **referencer**, Abkürzung: **ref.** 2) Überschrift, entspricht Deutsch: *Betr.* 3) Verwenden Sie: **De** + hr./fru + Nach-name 4) Angabe von Anlagen: **bilag**

2. Die Monatsnamen — Årets måneder

januar	april	juli	oktober
februar	maj	august	november
marts	juni	september	december

3. Die Tage eines Monats — Dagene i en måned

1. første	11. ellevte ['ɛlfdə]	21. enogtyvende
2. anden	12. tolvte ['tɔldə]	22. toogtyvende
3. tredje	13. trettende ['tʀɛdnə]	23. treogtyvende
4. fjerde	14. fjortende ['fjoɐ̯dnə]	24. fireogtyvende
5. femte	15. femtende ['fɛmtənə]	25. femogtyvende
6. sjette	16. sekstede ['sɑjsdnə]	26. seksogtyvende
7. syvende	17. syttende ['sødnə]	27. syvogtyvende
8. ottende	18. attende ['adnə]	28. otteogtyvende
9. niende	19. nittende ['nednə]	29. niogtyvende
10. tiende	20. tyvende ['tyvənə]	30. tredivte ['tʀɛðfdə]
		31. enogtredivte

12C   Grammatik

1. Die Bildung der Vergangenheitsformen

Der größte Teil der Verben wird im Dänischen wie im Deutschen regelmäßig gebeugt.

Darüber hinaus gibt es noch einige unregelmäßige Verben. Die regelmäßigen Verben gliedern sich in zwei Klassen: Die 1. Klasse (die größte Gruppe, in den Wortlisten ab Lektion 12 mit (1) markiert) ist durch die Präteritumsendung **-ede** und die Perfektendung **-et** gekennzeichnet:

Infinitiv	Präsens	Präteritum	Perfekt
arbejde	arbejder	arbejd**ede**	har arbejd**et**
bo	bor	bo**ede**	har bo**et**
bygge	bygger	bygg**ede**	har bygg**et**
cykle	cykler	cykl**ede**	er cykl**et**
flytte	flytter	flytt**ede**	er flytt**et**
handle	handler	handl**ede**	har handl**et**
hente	henter	hent**ede**	har hent**et**
huske	husker	husk**ede**	har husk**et**
kigge	kigger	kigg**ede**	har kigg**et**
koste	koster	kost**ede**	har kost**et**
lave	laver	lav**ede**	har lav**et**
lege	leger	leg**ede**	har leg**et**
passe	passer	pass**ede**	har pass**et**

Infinitiv	Präsens	Präteritum	Perfekt
prøve	prøver	prøvede	har prøvet
regne	regner	regnede	har regnet
snakke	snakker	snakkede	har snakket
spille	spiller	spillede	har spillet
svare	svarer	svarede	har svaret
tro	tror	troede	har troet

Die 2. Klasse (ab Lektion 12 in den Wortlisten mit (2) markiert) ist durch die Präteritumsendung **-te** und die Perfektendung **-t** gekennzeichnet. (Die 2. Klasse bildet sich hauptsächlich aus Verben, deren Stamm aus einem Langvokal plus einem Konsonanten besteht):

Infinitiv	Präsens	Präteritum	Perfekt
besøge	besøger	besøgte	har besøgt
betale	betaler	betalte	har betalt
bruge	bruger	brugte	har brugt
hilse	hilser	hilste	har hilst
køre	kører	kørte	er kørt
læse	læser	læste	har læst
møde	møder	mødte	har mødt
spise	spiser	spiste	har spist
vise	viser	viste	har vist

(Prüfen Sie bitte nach, ob Sie die Bedeutung und Verwendung der oben angeführten Verben aus den Lektionen 1 – 11 noch in Erinnerung haben!)

Darüber hinaus gibt es eine Anzahl starker und unregelmäßiger Verben (ab Lektion 12 in den Wörterlisten mit (U) markiert). Eine Liste der üblichsten dieser Verben finden Sie im Anhang. Besonders wichtig sind jedoch die Hilfsverben sowie die Modalverben:

Hilfsverben

Infinitiv		Präsens	Präteritum	Perfekt
blive	*werden*	bliver	blev	er blevet
få	*bekommen*	får	fik	har fået
have	*haben*	har	havde	har haft
være	*sein*	er	var	har været

Modalverben

Infinitiv	Präsens	Präteritum	Perfekt
kunne	kan	kunne	har kunnet
måtte	må	måtte	har måttet
skulle	skal	skulle	har skullet
ville	vil	ville	har villet

(Zur Bedeutung und Funktion der Modalverben siehe **5 B5**)

2. Die Bildung des Perfekts

Das Perfekt wird wie im Deutschen aus **har** + **Partizip Perfekt** gebildet:

har husket   *hat sich erinnert*
har brugt   *hat verwendet*

oder aus **er** + **Partizip Perfekt**:

er kommet   *ist gekommen*
er gået   *ist gegangen*
er kørt   *ist gefahren*

Beachten Sie jedoch: **har været** (ist gewesen)
Zum unterschiedlichen Gebrauch von Präteritum und Perfekt im Deutschen und Dänischen siehe **13 C1 – 2**.

3. Die Stellung des Partizips im Satz

Im Unterschied zum Deutschen steht das Partizip nicht am Satzende, sondern (wie auch die Infinitive) unter der Position **V**:

Im Hauptsatz:

1	v	s	a	V	S	A
I dag	har	jeg	næsten	**lavet**	det samme.	

Im Nebensatz:

k	s	a	v	V	S	A
(Han skiver,) at	han	næsten	har	**lavet**	det samme	i dag.

12D Übungen

1. *Hvad dato er det i dag?*
Hvornår har du fødselsdag?   *Wann haben Sie Geburtstag?*

2. *Fortæl, hvad Birte lavede:*
Erzählen Sie die folgende Geschichte im Präteritum: (1), (2) *und* (U) *beziehen sich auf die Konjugationsklassen der Verben. Benutzen Sie zu dieser Übung* **12C1** *und das Verzeichnis der unregelmäßigen Verben im Anhang.*

a) Det er (U) torsdag.   b) Birte arbejder (1) til kl. 13.30.   c) På vej hjem fra arbejde skal (U) Birte købe ind.   d) Hun går (U) først i supermarkedet og køber (2) mælk, smør og ost.   e) Så henter (1) hun kød hos slagteren.   f) Bagefter køber (2) hun grøntsager.   g) På gaden møder (2) hun Niels fra København.   h) Han skal (U) til et møde.   i) Birte og Niels snakker (1) sammen.   j) Birte fortæller (U), at Søren ikke har (U) det så godt.   k) Han er (U) meget forkølet.   l) Niels skal (U) skynde sig af sted, og Birte beder (U) ham om at hilse sin kone Kirsten.   m) Da Birte kommer (U) hjem, laver (1) hun en kop kaffe og læser (2) avisen.   n) Så cykler (1) hun en tur, fordi vejret er (U) så fint.   o) Hun cykler (1) til havnen og kigger (1) på skibene.   p) Bagefter besøger (2) hun Pia.

→Det var torsdag . . . . .

3. *Wie lauten die Antworten nach dem folgenden Muster? Benutzen Sie das Perfekt:*

Eksempel: Hr. Jensen siger til Mads: **Saml** affald op!
Mads svarer: Jeg **har** allerede **samlet** affald op.

a) Hr. Jensen siger til Mads: Tøm (2) affaldskurvene!
Mads svarer: . . . .

b) Helles far siger: Fodr (1) kalvene!
Helle svarer: . . . .

c) Søren siger til Sanne: Læs (2) dine lektier!
Sanne svarer: . . . .

d) Søren siger: Hent (1) avisen!
Birte svarer: . . . .

e) Birte siger: Prøv (1) nederdelen!
Sanne svarer: . . . .

f) Birte siger til Morten: Spis (2) din morgenmad!
Morten svarer: . . . .

g) Mads' mor siger: Leg (1) med din lillesøster!
   Mads svarer: . . . .

h) Morten siger til Birte: Køb (2) en liter mælk!
   Birte svarer: . . . .

i) Sanne siger til Birte: Betal (2) nederdelen!
   Birte svarer: . . . .

4. *Von den folgenden Kombinationen sind immer zwei richtig und eine falsch:*

Søren siger til eleverne,	— at de skal skrive et brev.
	— at de skal læse deres lektier.
	— før de bliver for gamle.
Helle fortæller,	— at hun godt kan lide heste.
	— når hun kommer hjem.
	— at hun går til volleyball.
Birte mener,	— at børn skal have det godt.
	— at nederdelen var for dyr.
	— hvis børnene er søde.
Birte synes,	— at Søren kommer hjem.
	— at små forretninger er hyggelige.
	— at små børn er søde.
Mads skriver,	— at han skulle samle affald op.
	— at snakke dansk.
	— at han gerne vil lære tysk.

5. *Øvelse med dato og årstal* — *Übung mit Datum und Jahreszahl:*

Man skriver:	**Man siger:**
1945	nitten hundrede og femogfyrre
1979	nitten hundrede og nioghalvfjerds
26. 10. 1989	den seksogtyvende oktober nitten hundrede og niogfirs

Lesen Sie folgende Daten vor:

11. 11. 1919 / 18. 4. 1864 / 31. 1. 1992 / 23. 12. 1983 / 5. 5. 1945 / 2. 4. 1802 /
8. 10. 1986 / 14. 2. 1916 / 11. 9. 1952

Schreiben Sie folgende Daten in Buchstaben:

Eksempel: 3. 4. = den tredje april
24. 12. / 1. 5. / 31. 3. / 23. 6. / 5. 6. / 16. 7. / 21. 9. / 17. 10.

6. *Birtes kalender*: *April*

lørdag	1.	
søndag	2.	besøge Lis og Knud
mandag	3.	
tirsdag	4.	til møde i børnehaven
onsdag	5.	aftenskole : tysk
torsdag	6.	aftenskole : EDB
fredag	7.	
lørdag	8.	
søndag	9.	Sannes fødselsdag
mandag	10.	
tirsdag	11.	
onsdag	12.	aftenskole : tysk
torsdag	13.	aftenskole : EDB
fredag	14.	fest for Sannes klasse
lørdag	15.	
søndag	16.	i biografen
mandag	17.	
tirsdag	18.	forældremøde på skolen
onsdag	19.	købe gave til far ; aftenskole : tysk
torsdag	20.	fars fødselsdag
fredag	21.	på weekendtur med børnehaven
lørdag	22.	på weekendtur med børnehaven
søndag	23.	på weekendtur med børnehaven
mandag	24.	fri !
tirsdag	25.	
onsdag	26.	aftenskole : tysk
torsdag	27.	aftenskole : EDB
fredag	28.	til koncert på skolen
lørdag	29.	med Søren til København
søndag	30.	med Søren til København

(forældremøde *Elternversammlung*, gave *Geschenk*, EDB er elektronisk databehandling *EDV*, fest *Fest, Feier*, weekend *Wochenende*, weekendtur *Wochenendfahrt*)

Her ser du Birtes kalender. Lav spørgsmål og svar.

6.1. *Eksempel*: — Hvad skal Birte lave tirsdag den fjerde april?
   — Hun skal til møde i børnehaven.
6.2. *Eksempel*: — Hvornår skal Birte til møde i børnehaven?
   — Hun skal til møde i børnehaven tirsdag den fjerde april.

7. *Mads' mor hedder Lise. Her ser du Lises kalender for onsdag den 23. februar og torsdag den 24. februar.*

onsdag 23. februar	— på arbejde kl. 8−15 — kl. 16 i svømmehal med Mads og Tine — til forældremøde på skolen, snakke med Søren om Mads
torsdag 24. februar	— på arbejde kl. 8−16 (!) — hente Tine i fritidshjemmet — i banken — på indkøb — til fødselsdagsfest hos Anne, husk gave!

Berichten Sie im Präteritum, was Lise am 23. 2 und am 24. 2. tat. Verwenden Sie z. B.: om dagen, om eftermiddagen, om aftenen, først, så, bagefter, derefter.

8. Forretningsbrev: *Ergänzen Sie den folgenden Brief*:

Hans Müller   Slesvig, 28. 4. 1992
Norderstraße 76
D-2380 Schleswig

   Til
   Skibshandel A/S
   Søndergade 67
   DK-7100 Vejle

Folkebåd
Vi beder . . . . . sende . . . . på en folkebåd. . . . . at sende
os . . . . . skriftlige tilbud med . . . . . om pris, levering og . . . . .

                                        . . . .

                                                            Hans Müller

(Med venlig hilsen, vær så venlig, betaling, oplysning, et tilbud, Dem, Deres)

13A Text

Telefonsamtaler

Maria og Peter vil holde sommerferie i Danmark. De vil gerne leje et sommerhus ved stranden og kigger i brochurer fra udlejningsbureauer. Der er mange tilbud, og de kan ikke rigtig beslutte sig. Derfor ringer Maria til Birte for at spørge hende til råds:

— Birte Pedersen.

— Dav, Birte. Det er Maria.

— Dav, Maria!

— Jeg har et problem: Peter og jeg vil gerne leje et sommerhus i Jylland til sommer, og nu kan vi ikke rigtig beslutte os. Kan du give mig et godt råd? Sidste år var vi i Blåvand, men nu vil vi gerne prøve noget nyt.

— Hvorfor tager I ikke til østkysten til en forandring? Der er naturen helt anderledes end ved vestkysten.

— Det var måske ikke nogen dårlig ide.

– Nogle af vores venner har et sommerhus på Mols. Du ved: den „næse", der ligger nordøst for Århus. Der er virkelig skønt! Måske var det noget for jer?
– Det lyder ikke så tosset.
– Det er også meget billigere at leje af private end gennem udlejnings-bureauer. Et øjeblik! Jeg finder lige telefonnummeret til dig, så kan du selv ringe til dem, der ejer huset . . . . . . Her er jeg igen. Det er nummer 86 16 12 11. De hedder Poulsen og bor uden for Århus.
– Vil du godt gentage nummeret?
– Ja, 86 16 12 11.
– Tak for det Birte. Jeg ringer til Poulsens med det samme.
– Selv tak, og hils Peter!
– Tak. Farvel Birte!
– Farvel!

Maria ringer til Poulsens:

– Jørgen Poulsen.
– Goddag. Mit navn er Maria Schulz. Jeg bor i Hamborg. Jeg har fået Deres telefonnummer af Birte Pedersen. Hun fortalte, at De har et sommerhus på Mols, som De måske vil leje ud?
– Ja, vi har et sommerhus i Femmøller. Det lejer vi ud hele året rundt.
– Hvor stort er huset?
– Det er ikke så stort – heller ikke så dyrt. Der er to værelser med fire sovepladser i alt, stue, køkken og bad, men alt tip-top i orden.
– Ville De sende et billede af huset til os? Vi ville også gerne have at vide, hvad det skal koste pr. uge, hvor langt der er fra huset til stranden, hvornår og hvor længe huset er ledigt.
– Ja, det vil jeg gerne.
– De får lige min adresse: Maria Schulz, Bornstraße 117, 2000 Hamburg 13.
– Jeg gentager lige adressen: Bornstraße 117, 2000 Hamburg 13.
– Ja, det er rigtigt.
– Jeg sender nogle billeder af huset, et kort over området og en prisliste i løbet at et par dage.
– Tak for det. Så ringer jeg igen, når vi har besluttet os.
– Ja, det er i orden.
– Farvel og tak!
– Selv tak. Farvel!

telefonsamtale, -n, (-r) *Telefongespräch*
[telə'fo:ˀnˌsɑmtaːlə]

holde (U) sommerfe- *Sommerferien ver-*
rie, -n, (-r) ['hɔlə *bringen*
'sɔmɐˌfeːˀɐjə]

leje (1) ['lajə] *mieten*

udlejningsbureau, *Vermietungsbüro,*
-et, (-er) *hier: Ferienhausver-*
['uðlɑjˀneŋsbyˌʀo] *mittlung*

beslutte sig (1) *sich entscheiden, sich*
[be'sludə 'saj] *entschließen*

ringe (1) ['ʀeŋə] *klingeln,* hier: *anru-*
fen

råd, -et, (—) ['ʀɔːˀð] *Rat*

spørge (U) nogen til *jemanden um Rat bit-*
råds *ten*

problem, -et, (-er) *Problem*
[pʀo'bleːˀm]

sidste år ['sisdə 'ɒːˀ] *letztes Jahr*

Blåvand ['blɔˌvanˀ]

noget nyt ['nɔːəð 'nyd] *etwas Neues*

hvorfor ['vɔfɐ] *warum*

østkyst, -en, (-er) *Ostküste*
['øsdˌkøsd]

(til en) forandring, *(zur) Abwechslung*
-en, (-er)
[fɒ'anˀdʀɛŋ]

der [de:ˀɐ] *dort*

natur, -en [na'tuːˀɐ] *Natur*

anderledes *anders*
['anɐˌleːˀðəs]

vestkyst, -en, (-er) *Westküste*
['vɛsdˌkøsd]

Mols ['mɔlˀs]

næse, -n, (-r) ['nɛːsə] *Nase*

nordøst [noɐ'øsd] *Nordost*

virkelig ['viɐgli] *wirklich*

skøn ['sgønˀ] *schön*

måske var det noget *vielleicht wäre das ja*
for jer [mɔ'sgeːˀ va *'was für euch*
de 'nɔːəð fɒɐ 'jɛɐ]

lyde (U) [lyːðə] *sich anhören, klingen*

ikke så tosset ['egə sɔ *„nicht so verrückt"*
'tɔsəð] etwa: *ganz gut*

gennem ['gɛnəm] *durch*

telefon, -en, (-er) *Telefon*
[telə'foːˀn]

telefonnummer, -et, *Telefonnummer*
(-numre)
[telə'foːˀnˌnɔmˀɐ]

eje (1) ['ajə] *besitzen*

med det samme *sofort*
[mɛ de 'samə]

selv tak ['sɛlˀ 'tɑg] *Danke gleichfalls!*

navn, -et, (-e) *Name*
['nawˀn]

leje ud (1) ['lajə ˌuð] *vermieten*
Femmøller
['fɛmˌmølɐ]

hele året rundt ['heːlə *das ganze Jahr*
'ɒːˀəð 'ʀɔnˀd]

soveplads, -en, (-er) *Schlafplatz*
['sɔwəˌplas]

have/få (U) noget at *etwas zu wissen*
vide ['ha/'fɔːˀ nɔːəð *bekommen, erfahren*
ad 'viːðə]

pr. (er det samme *pro*
[som: per])

uge, -n, (-r) ['uːə] *Woche*

lang ['laŋˀ] *Raum* *weit, lang*

hvor langt [vɒ 'laŋˀd] *wie weit*

strand, -en, (-e) *Strand*
['sdʀanˀ]

længe ['lɛŋə] *Zeit* *lange*

hvor længe [vɒ 'lɛŋə] *wie lange*

ledig ['leːði] *frei*

adresse, -n, (-r) *Adresse*
[a'dʀɛsə]

gentage (U), (-tog, *wiederholen*
-taget) ['gɛnˌtaːˀ]

kort, -et, (—) ['kɒɐd] *Karte*

område, -t, (-r) *Gebiet*
['ɔmˌʀɔːðə]

i løbet af [i 'løbəð a] *im Laufe von*

13B Sprachgebrauch — Landeskunde

1. Bor danskerne i hus eller i lejlighed?

67% bor i hus
33% bor i lejlighed
55% ejer et hus eller en lejlighed
45% bor til leje *wohnen zur Miete*

2. ringe — telefonere

Tyskland → Danmark:
Når man vil ringe fra Tyskland til E. Jensen i Åbenrå, Danmark, skal man vælge:

```
        0045   74   17 16 15
Danmark __↑      ↑
Sønderjylland ___|      ↳__ E. Jensens nummer
```

Danmark → Tyskland:
Når man ringer fra Danmark til Maria Schulz i Hamborg, skal man vælge:

```
          009   49   40   1 23 45 67
ud af Danmark __↑   ↑   ↳_____ ind i Hamborg
ind i Tyskland _____|      ↳____ Marias nummer
```

Beachten Sie bitte:
Die Vorwahl (områdenummer) muß in Dänemark immer mit gewählt werden, auch wenn man den Nachbarn nebenan anruft. Alle Vorwahlnummern sind 1989 geändert worden. Auf dieser Karte sehen Sie die jetzt geltenden Vorwahlnummern.

Områdenumre i Danmark

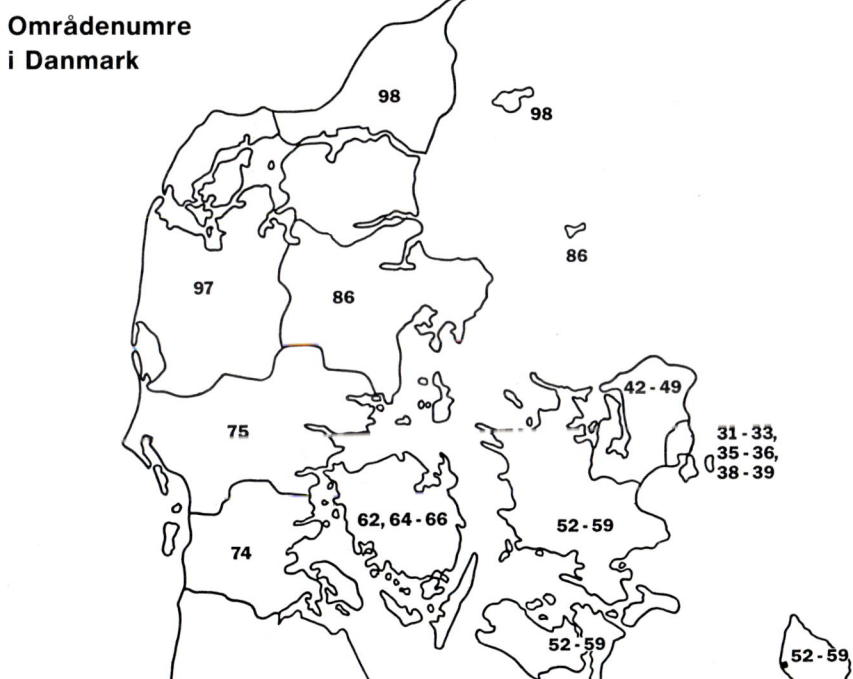

115

13C Grammatik

Die Verwendung des Präteritums und des Perfekts

1. Das **Präteritum** wird benutzt:

   a) allgemein, um in der Vergangenheit abgeschlossene Handlungen/Vergangenes wiederzugeben. Das Präteritum wird im Dänischen wesentlich häufiger benutzt als im Deutschen:
   Mads ryddede op på havnen i går.
   Mads hat gestern im Hafengelände aufgeräumt.

   b) abweichend vom Deutschen: Als Ausdruck der Überraschung oder Vorsicht in Ausdrücken wie:
   Det var da billigt!
   Det var måske ikke nogen dårlig ide.
   Måske var det noget for jer?
   Det var en skam! (*Schade!*)

   c) als Höflichkeitsform. Wenn man sehr höflich und zurückhaltend/bescheiden sein möchte, verwendet man die Präteritumsform der Modalverben (vergl. Konjunktiv im Deutschen):
   Ville De sende et billede?
   Hvad skulle det være?
   Jeg ville gerne se på et spisebord . . . . .

2. Das **Perfekt** wird benutzt:

   a) für abgeschlossene Vorgänge, die einen Bezug zur Gegenwart haben:
   Jeg har samlet affald op (– also ist das Hafengebiet jetzt sauber).
   Jeg har købt en liter mælk (– also ist jetzt Milch im Kühlschrank).
   Jeg har fået Deres telefonnummer af Birte (– deswegen kenne ich Ihre Nummer und rufe jetzt an).

   b) abweichend vom Deutschen, aber wie im Englischen bei Handlungen/Zuständen, die nicht abgeschlossen sind und in die Gegenwart reichen:
   Vi har boet her i 20 år (og bor her endnu).
   Wir wohnen seit 20 Jahren hier.
   Jeg har kendt Birte i mange år.
   Birte har arbejdet uden ferie siden (*seit*) oktober.

   c) wenn der Zeitpunkt des Vorgangs nicht definiert ist:
   Har du læst „Faust"? Nej, jeg har ikke læst den.

3. **Zeitangaben der Vergangenheit, die mit dem Präteritum verbunden werden**

   a) Angaben von **Jahreszahl, Monat oder Datum:**
   Han sendte brevet den 1. september.

b) **i . . . . . -s**

i tirsdags	*letzten Dienstag* (alle Wochentage)
i aftes	*gestern abend*
i morges	*heute morgen*
i formiddags	*heute vormittag*
i forgårs	*vorgestern*

Peter var her i forgårs.

c) **sidste . . . . .**

sidste tirsdag	*letzten Dienstag* (alle Wochentage)
sidste år	*letztes Jahr*
sidste vinter	*letzten Winter*

Peter var her sidste uge.

d) **for . . . . . siden**

for fem minutter **siden** *vor fünf Minuten*
Bussen kørte for fem minutter siden.

4. Zeitangaben der Vergangenheit, die mit dem Perfekt verbunden werden

a) **i . . . . .** in Verbindung mit Angaben vom Zeitraum:
i mange år (*seit + Präsens*)
Vi har boet her i mange år (og bor her endnu).
Søren har arbejdet som lærer i 10 år.

b) **siden** gibt den Beginn eines Zeitraums an:
siden sidste sommer (*seit + Perfekt/Präsens*)
Jeg har ikke set ham siden sidste sommer.
Søren har arbejdet som lærer siden 1982.

13D   Übungen

1. Fortæl, hvad Sanne lavede!
   Erzählen Sie folgende Geschichte im Präteritum:

   a) Sanne og hendes bedste veninde er (U) på vej hjem fra skole.   b) De kommer (U) forbi en tøjforretning og kigger (1) på vinduerne.   c) Der er (U) udsalg, og Sanne ser (U) en nederdel, som hun godt kan (U) lide.   d) Om aftenen spørger (U) Sanne Birte, om hun må (U) få penge til nederdelen.   e) Næste dag om eftermiddagen går (U) Sanne og Birte hen til tøjforretningen.   f) Sanne prøver (1) nederdelen, og den passer (1), men Birte mener (2), at den er (U) for dyr.   g) Men Birte køber (2) den og betaler (2) med en check.

2. Fortæl, hvad Mads lavede sidste onsdag!
   Erzählen Sie die Geschichte im Präteritum:

   a) Vi står (U) op kl. 6^{30} og spiser (2) morgenmad sammen. Kl. 7^{42} kører (2) vi alle tre af sted med bussen.   b) Mor skal (U) møde på arbejde kl. 8.   c) Om eftermiddagen kører (2) jeg med bussen hjem igen og finder (U) noget at spise i køleskabet.   d) Efter skoletid skal (U) jeg passe Tine, indtil mor kommer (U) hjem kl. 15.   e) Derefter læser (2) jeg lektier, og kl. 16 cykler (1) jeg hen til mine kammerater.   f) Vi sætter (U) gamle knallerter i stand, og så kører (2) vi cross.   g) Om aftenen går (U) jeg til et aftenskolekursus, hvor vi selv bygger (1) en computer.   h) Der får (U) vi en printplade, som vi skal (U) sætte komponenter i.

3. Søren fortæller:

   „Jeg bor i Ålborg. Jeg har nu boet her i 20 år. Tidligere *(früher)* boede jeg i Silkeborg."
   a) Fortæl, hvor du bor!
   b) Hvor længe har du boet der?
   c) Har du altid boet der? Ja, ...   Nej, ...
   d) Hvis nej, hvor boede du før?   *(vorher)*

4. *Antworten Sie mit einem Satz im Präteritum oder Perfekt:*

   Muster: Er bussen kørt? * for fem minutter siden
   Ja, den kørte for fem minutter siden.
   a) Har du købt en ny bil? * i forgårs
   b) Har du spist til middag? * for en time siden
   c) Har du spurgt din mor til råds? * i går
   d) Hvor længe har du haft de røde bukser? * siden sidste vinter
   e) Har du set Sannes nye ven? * sidste uge
   f) Har du skrevet et brev til Peter? * i aftes
   g) Sikken et rod! Skal du ikke rydde op? Nej, ...   * sidste år
   h) Hvor længe har du boet i Århus? * i syv år

5. *Setzen Sie die richtige Adjektivform ein:*
   Umschreiben Sie den unterstrichenen Teil des Satzes nach folgendem Muster:

   a) Børnenes tøj er i den røde garderobe → Garderoben er rød.   b) Sine har en brun bamse → Bamsen er . . . . .   c) Nikolaj har en varm vinterjakke → Vinterjakken . . . .   d) Jørgen har et nyt halstørklæde → Jørgens halstørklæde . . . .   e) Jørgen kan ikke finde sine røde støvler → Hans støvler . . . .   f) Nikolaj kan ikke selv få sine nye overtræksbukser på → Overtræksbukserne . . . .   g) De glade børn løber rundt i parken → Børnene . . . .   h) Birte og Søren kan godt lide deres store hus → Huset er . . . . .   i) Sanne kan godt lide den mørke nederdel → Nederdelen er . . . . .   j) Birte kan bedre lide de lyse farver → Farverne er . . . . .   k) Søren vil ikke købe den dyre bil → Bilen er . . . . .

6. *Sie planen einen Sommerurlaub in Dänemark und wollen ein Ferienhaus mieten. Wo möchten Sie hinfahren? Welches Haus käme für Sie in Frage? Suchen Sie — eventuell mit Hilfe eines Wörterbuchs — aus den nachstehenden Anzeigen die für Sie relevanten Informationen aus!*

Feriehuse til leje
Bornholm. Feriehus udlejes nær badestrand. 4 sengepladser. 1800 kr. pr. uge inkl. el. Henvendelse 53 97 63 39 mellem 18—20.

Ferie på Langeland. Sommerhus ved Lohals udlejes. Fri udsigt over Storebælt. Fin badestrand. Nærmere oplysninger på: 62 95 21 59

Havudsigt. Lønstrup luksushuse, sauna, solarium, brændeovn og opvaskemaskine. Ugeleje fra 495,—/1.395,— også weekendleje fra 500,— Tlf. 98 29 73 51.

Hou/Hals Nordjylland. 3 sommerhuse, skønt beliggende, 5—8 sovepladser, terrasse, farve-tv. Kun få minutters gang til stranden. Nærmere oplysning på 98 51 06 05.

Løkken — Havudsigt. Eksklusivt luksushus med alle bekvemmeligheder inkl. boblebad, sauna og solarium. Også weekend-udlejning. 98 19 47 29.

Sejerøbugten. Veludstyrede feriehuse. Pejs og gasvarmeovn. Lavsæson kr. 750 pr. uge + energiforbrug. Skoleferien kr. 1800,— + el. 31 73 41 45

Rømø Sommerhus 86 kvm. 6 sovepladser, sauna, solarium, vaskemaskine, farve-tv, stereoanlæg, brændeovn, inkl. træ. Også formidling af luksussommerhuse med pool. Henv. Niels Jensen 74 26 76 23

7. *Sie möchten Herrn Jensen anrufen, um sich nach dem Ferienhaus auf Rømø zu erkundigen. Überlegen Sie sich zuerst, welche Informationen Sie haben möchten.*

   z. B.: Hvor stort er huset? Hvor mange værelser er der i huset? Hvor mange sovepladser er der i huset? Er der et badeværelse i huset? Hvad koster huset pr. uge? Hvor langt er der fra huset til stranden? Er der køleskab/farve-tv/vaskemaskine/opvaskemaskine i huset? Hvornår er huset ledigt? Er der en terrasse? Er der sauna?

(*Für Selbstlerner: Entwickeln Sie einen Dialog. Im Gruppenunterricht: Spielen Sie das Gespräch nach:*) Nu ringer du til hr. Jensen

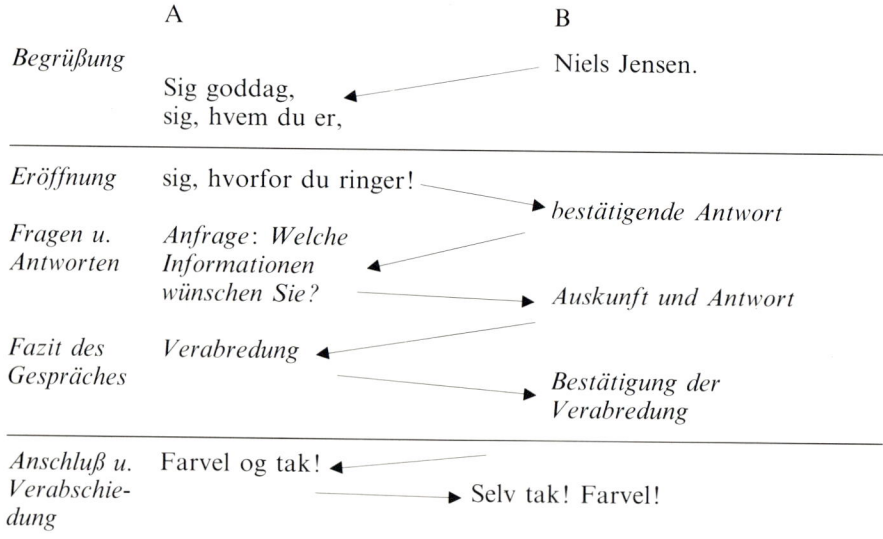

	A	B
Begrüßung	Sig goddag, sig, hvem du er,	Niels Jensen.
Eröffnung	sig, hvorfor du ringer!	bestätigende Antwort
Fragen u. Antworten	*Anfrage: Welche Informationen wünschen Sie?*	*Auskunft und Antwort*
Fazit des Gespräches	*Verabredung*	*Bestätigung der Verabredung*
Anschluß u. Verabschiedung	Farvel og tak!	Selv tak! Farvel!

Gestalten Sie den Teil von Eröffnung bis Fazit selbst!

8. *Dialogpuzzle*
   Ordnen Sie bitte die Beispiele aus dem Puzzle in die richtige Reihenfolge, und ordnen Sie die Dialogteile den beteiligten Personen (Verkäufer und Kunde) zu!

Værsgo.

Tak skal du have.

En liter.

Nej tak, hvad bliver det?

Værsgo. Ellers andet?

Ja tak, hvor mange?

Goddag

Goddag

Jeg vil også gerne have noget mælk.

Det bliver 14 kroner i alt.

Værsgo. Ellers andet?

Seks, tak.

Hvor meget?

Hvad skulle det være?

Jeg vil gerne have nogle æg.

14A

14A Text

Peter i København

Peter arbejder i et firma i Hamborg. Han skal rejse til København for at se på noget mejeriudstyr, som Peters firma måske vil købe. I København møder han Niels, som skal vise ham udstyret.

Niels: Du er vel nok god til at tale dansk. Du er vores første kunde fra udlandet, der kan dansk. Ellers er det jo altid os, der skal snakke engelsk, fransk eller tysk. Hvor har du lært at tale dansk?

Peter: Det har jeg lært på aftenskole. Og så plejer vi at holde sommerferie i Danmark.

Niels: Min kone underviser i dansk for udlændinge. Hun vil sikkert gerne snakke med dig. Har du ikke lyst til at besøge os i aften?

Peter: Jo tak, men . . . . .

Niels: Fint! Kom og spis sammen med os klokken 7.

Peter: Jamen hvad tror du din kone siger, hvis jeg uden videre dukker op?

Niels: Det er alligevel min tur til at lave mad i aften.

Peter: Så siger jeg ja tak!

Om aftenen besøger Peter Niels og Kirsten:

Niels: Værsgo. Så kan vi spise.

Så løfter han sit glas og siger til Peter: Skål og velkommen!

Peter: Mange tak for invitationen!

Da de er færdige med at spise, siger Peter og Kirsten „Tak for mad!", og Niels siger „Velbekomme!" Så snakker de sammen et par timer.

Kirsten fortæller om sine elever: De fleste af dem er flygtninge og gæstearbejdere. Det er svært for dem at forstå dansk. Derfor må man ofte gentage ord og sætninger flere gange. Det er vigtigt at lære dem at spørge om det, de ikke har hørt eller forstået.

Peter: Ja, det er rigtigt. Men man kan jo ikke sige „hvad siger du?" hele tiden.

Kirsten: Nej, selvfølgelig ikke; men der er også andre måder at spørge på. Man kan sige: „Undskyld, jeg forstår ikke, hvad du sagde!" Eller: „Jeg forstår ikke „mejeriudstyr", hvad er det?"

Peter: Mange danskere taler alt for hurtigt.

Kirsten: Ja, desværre tænker de fleste mennesker slet ikke over det. Derfor må man somme tider sige: „Undskyld, men vil du ikke tale lidt langsommere?"

Peter: Men for det meste hjælper det heller ikke, at danskerne taler langsomt.

Kirsten: Nej, så må man bede ham eller hende om at sige det på en anden måde og bruge nogle andre ord.

Peter: Ja, men mange danskere taler så utydeligt.

Kirsten: Desværre har mange danskere endnu ikke vænnet sig til at snakke med udlændinge på dansk, selv om der er mange udlændinge i Danmark. Hvis udlændingene ikke forstår dem, så begynder danskerne straks at snakke engelsk.

Peter: Ja, det har jeg også tit oplevet.

rejse (2) ['ʀɑjsə]	*reisen*
mejeri, -et, (-er) [majə'ʀiː?]	*Molkerei*
udstyr, -et, (-) ['uð‚sdyː?ɐ]	*Ausstattung*
dygtig ['døgdi]	*tüchtig, etwas gut können*
tale (2) ['taːlə]	*reden, sprechen*
kunde, -n, (-r) ['kɔnə]	*Kunde*
udland, -et ['uð‚lan?]	*Ausland*
snakke (1) ['snagə]	*sprechen*
fransk ['fʀɑn?sg]	*französisch*
lære (2) ['lɛːɐ]	*lernen*
pleje (1) ['plɑjə]	*pflegen, meistens/gewöhnlich etwas tun*
holde (U) sommerferie ['sɔmɐ‚feː?ɐjə]	*Sommerurlaub machen*

undervise (2) ['ɔnɐ‚viː?sə]	*lehren, unterrichten*
udlænding, -en, (-e) ['uð‚lɛn?eŋ]	*Ausländer*
sikkert ['segɐd]	*wohl, vermutlich*
jamen ['jamən]	*ja, aber . . . . .*
uden videre ['uːðən 'viðɐɐ]	*ohne weiteres*
dukke op (1) ['dɔgə 'ɔb]	*auftauchen*
alligevel [a'liːə'vɛl]	*trotzdem*
min/din/hans/hendes . . . . . tur [tuː?ɐ]	*daran, an der Reihe sein*
løfte (1) ['løfdə]	*heben*
skål ['sgɔː?l]	*Prost, zum Wohl*
velkommen ['vɛl‚kɔm?n]	*willkommen*

invitation, -en, (-er) *Einladung*
[envita'ʂoːˀn]
da (*Konjunktion*) *als*
['da]
velbekomme *s.* **14B3**
['vɛlbeˈkɔmˀə]
flygtning, -en, (-e) *Flüchtling*
['fløgdneŋ]
gæstearbejder, -en, *Gastarbeiter*
(-e)
['gɛsdəˌɑːˌbajˀdɐ]
svær ['svɛˀɐ] *schwer, schwierig*
forstå (forstod, for- *verstehen*
stået) (U) [fɒ'sdɔːˀ]
man ['man] *man*
ofte ['ɔfdə] er det *oft*
samme som tit **11A**
sætning, -en, (-er) *Satz*
['sɛdneŋ]
gang, -en, (-e) ['gaŋˀ] *Mal*
vigtig ['vegdi] *wichtig*
høre (2) ['høːɐ] *hören*

hele tiden ['heːlə *die ganze Zeit*
'tiːˀðən]
selvfølgelig *selbstverständlich*
[sɛl'føljəˌli]
måde, -n, (-r) ['mɔːðə] *Art, Weise*
alt for ['alˀd faɐ] *viel zu*
hurtig ['hoɐdi] *schnell*
tænke over noget (2) *über etwas nachden-*
['tɛŋgə 'ɔwˀɐ 'nɔːəð] *ken*
langsom ['laŋˌsɔmˀ] *langsam*
på en anden måde [pɔ *auf eine andere Wei-*
en 'anən 'mɔːðə] *se, anders*
utydelig [u'tyːˀðli] *undeutlich*
desværre [de'svɛɐɐ] *leider*
vænne sig til noget (1) *sich an etwas gewöh-*
['vɛnə 'saj te 'nɔːəð] *nen*
selvom (*Konjunktion*) *obwohl*
['sɛlˀɔm]
begynde (2) *anfangen, beginnen*
[be'gønˀə]
straks ['sdʀɑgs] *sofort*

14B Sprachgebrauch — Landeskunde

1. Verständnisschwierigkeiten — Nachfragen

Wenn man nicht versteht, was gesagt wird, kann man folgende Wendungen benutzen:

Hvad siger man, hvis man ikke kan høre, hvad der bliver sagt?
Was sagt man, wenn man etwas akustisch nicht versteht?

> **Hvad siger du/De?** *Wie bitte?*
> **Hvabehar?**
> **Undskyld, jeg hørte ikke, hvad du/De sagde!**

Hvad siger man, hvis man ikke kan forstå, hvad der bliver sagt?
Was sagt man, wenn man etwas inhaltlich nicht versteht?

> **Undskyld, jeg forstår ikke, hvad du/De sagde!**
> **Undskyld, jeg forstår ikke „mejeriudstyr". Hvad betyder det?**

Ellers:
Vill du/De godt gentage det?
Vil du/De godt snakke lidt højere? ← *lauter*

Vil du/De godt snakke lidt langsommere?
Vil du/De godt tale lidt tydeligere? ← *deutlicher*
Kan du/De sige det på en anden måde?
Kan du/De bruge nogle andre ord?

2. Falsche Freunde („Hinterlistige Ähnlichkeiten") — Lumske ligheder

Hier sind Mißverständnisse möglich:

dansk	tysk	dansk	tysk
flink	*nett*	kasse	*Kasse* u. *Kiste*
net	*hübsch*	kiste	*Sarg*
(et net	*ein Netz*)		
blød	*weich*	leje	*mieten*
dum	*blöd*	låne	*leihen*
bruge	*verwenden,*	rask	*gesund*
	gebrauchen,	rask,	*rasch,*
have brug for	*brauchen,*	(= hurtig)	*schnell*
	benötigen		
ledig	*frei*	øl	*Bier*
ugift	*ledig*	olie	*Öl*
flæsk	*Speck*	kind	*Backe, Wange*
kød	*Fleisch*	barn	*Kind*
humor ['hu:mɔ]	*Humor*		
humør [hu'mø:'ʀ]	*Stimmung, Laune*		

3. Tischsitten

Am Anfang einer Mahlzeit sagt der Gastgeber: **Værsgo.** Man beginnt erst zu trinken (Wein, Aquavit), wenn der Gastgeber die Gäste begrüßt hat, er kann z. B. sagen: **Skål og velkommen!**
Bei Bier, Wasser usw. darf man gleich beginnen zu trinken.
Wenn die Mahlzeit zu Ende ist, sagt der Gast: **Tak for mad!**
Der Gastgeber antwortet mit: **Velbekomme!** Der Gastgeber kann auch zuerst **Velbekomme!** sagen, um seinen Gästen zu erkennen zu geben, daß die Mahlzeit zu Ende ist, und als Zeichen, daß man sich vom Tisch erheben darf.

14C Grammatik

1. Relativsätze mit som/der/-   (vergl. **11C**)

	Relativkonjunktion als:
den første kunde, **som** kan tale dansk. den første kunde, **der** kan tale dansk.	*Subjekt*
noget mejeriudstyr, **som** firmaet vil købe. noget mejeriudstyr, - firmaet vil købe.	*Objekt*
en printplade, **som** de sætter komponenter **i**. en printplade, - de sætter komponenter **i**.	*präpositionales Objekt*

som und **der** können beide im Nebensatz das Subjekt vertreten. Als Vertreter eines indirekten, direkten oder präpositionalen Objekts kann nur **som** verwendet werden. Als Vertreter eines Objekts kann **som** allerdings auch weggelassen werden.

2. Die Stellung der satzmodifizierenden Adverbien a im Nebensatz

(vergl. Einleitung, Absatz 4, die Lektionen **11C2** und **12C3**) Merken Sie sich die Unterschiede zum Deutschen!

k	s	a	v	V	S	A
som	firmaet	måske	vil	købe.		
når	jeg	uden videre	kommer			til middag.
som	de	ikke	har	forstået.		
at	danskerne	aldrig	taler			langsomt.
hvis	udlændinge	ikke	forstår		dem.	

14D Übungen

1. *Setzen Sie* **som, der** *ein oder lassen Sie die Relativkonjunktion weg, wenn möglich*:
a) Der er mange ord i teksten, ... jeg ikke forstår.   b) Der er mange ord, ...
er svære.   c) I Danmark er der kurser for udlændinge, ... gerne vil lære
dansk.   d) Mange af de elever, ... går til danskkurserne, er flygtninge eller
gæstearbejdere.   e) Nogle af de udlændinge, ... bor i Danmark, lærer dansk
hurtigt: De hører jo det sprog, ... de skal lære, hele tiden.   f) For andre er det
svært.   g) Måske kender de ikke så mange danskere, ... de kan snakke
med.   h) Jeg kender en mand, ... sælger mejeriudstyr.   i) Han har en kone,
. . . . . hedder Kirsten.   j) Niels har et job, ... han godt kan lide.   k) Peters
firma vil måske købe det udstyr, ... Niels viser ham.

2. *Setzen Sie* **ikke** *an der richtigen Stelle im Nebensatz ein*:
a) (Hun siger), at det er fint vejr i dag.   b) (Han siger), at det er koldt udenfor.   c)
(Hun fortæller), at hun skal i seng klokken halv ti.   d) (Jeg har en kjole), som jeg
kan lide.   e) (Det er en pris), som du skal betale.   f) (Hun har nogle venner), som
hun vil besøge.   g) (Niels viser Peter noget udstyr), som Peter vil købe. h) (Jeg
cykler ikke), hvis vejret er fint.

3. bruge *eller* have brug for   (Vergl. **8A, 8B4**)

bruge: *verwenden, gebrauchen*

Birte bruger $\left\{\begin{array}{l} \text{aldrig svære ord} \\ \text{sukker i teen} \\ \text{nummer 40 i sko} \end{array}\right.$

have brug for: *brauchen, benötigen*

Sanne har brug for $\left\{\begin{array}{l} \text{varme vinterbukser} \\ \text{penge til at købe tøj for} \\ \text{en hue, når det er koldt} \end{array}\right.$

Füllen Sie bitte aus:
a) Sanne . . . . . næsten aldrig sin nye nederdel.   b) Søren . . . . . mange penge til
bøger, fordi han godt kan lide at læse.   c) Han . . . . . ikke så meget tid på at
arbejde i haven.   d) Søren og Birte . . . . . et nyt spisebord.   e) Jakob vil låne
penge af Søren, han . . . . . en ny cykel.   f) Birte . . . . . bilen, når hun skal købe
ind.

4. *Machen Sie aus den zwei Hauptsätzen einen Hauptsatz mit einem Relativsatz nach
folgendem Muster*:

Peter kender en mand i København. Han hedder Niels. → Peter kender en mand i
København, som hedder Niels.

Achten Sie bitte auf die richtige Reihenfolge der Satzglieder im Nebensatz!

a) Peter skal købe <u>mejeriudstyr</u>. <u>Mejeriudstyret</u> har hans firma brug for.

b) Niels har <u>et job</u>. <u>Jobbet</u> kan han godt lide.

c) Han er gift med <u>en lærer</u>. <u>Hun</u> hedder Kirsten.

d) Kirsten underviser <u>udlændinge</u>. <u>De</u> bor i Danmark.

e) Der er <u>mange danskere</u>. <u>De</u> taler for hurtigt.

f) Og der er også <u>mange</u>. <u>De</u> taler for utydeligt.

g) Danskeren møder næsten aldrig <u>udlændinge</u>. <u>Udlændingene</u> kan tale dansk.

h) Danskeren møder tit <u>udlændinge</u>. <u>De</u> kan ikke tale dansk.

i) Derfor plejer danskeren at snakke engelsk med <u>udlændinge</u>. Han møder <u>udlændinge</u>.

5. *Setzen Sie die folgenden Verben im Präteritum ein:*

besøge (2), forstå (U), fortælle (U), kunne (U), mene (2), måtte (U), sige (U), snakke (1), spise (2), tale (2), være (U)
a) I går aftes . . . . . Peter Niels og Kirsten. b) De . . . . . til middag sammen og . . . . . sammen et par timer. c) Kirsten . . . . . om sine elever. d) Hun . . . . . , at de fleste af dem . . . . . flygtninge og gæstearbejdere. e) Det . . . . . svært for dem at forstå dansk. f) Derfor . . . . . hun tit gentage ord og sætninger flere gange. g) Peter . . . . . , at det også tit . . . . . være svært for ham at forstå danskerne. h) Han . . . . . , at danskerne ofte . . . . . for hurtigt og for utydeligt. i) Kirsten . . . . . , at det desværre . . . . . rigtigt: Udlændinge . . . . . ofte kun meget lidt af det, som danskerne . . . . .

6. *Kommunikationsschwierigkeiten*

Sie verstehen folgende Äußerung nicht und wollen nachfragen.
Wie fragen Sie, wenn es zu schnell gewesen ist?
Undskyldkandulånemigfemogtyveøre?
Wie fragen Sie, wenn es zu leise gewesen ist?
Wie fragen Sie, wenn zu undeutlich gesprochen worden ist?
Sie verstehen das Wort „låne" nicht. Was sagen Sie?

7. En invitation
Birte og Søren har fået et brev fra Kirsten og Niels:

København, 27. 3. 1992

Kære Birte og Søren!
Torsdag d. 20. april bliver Niels 40 år gammel. Vi ville gerne invitere jer til fødselsdagfest fredag d. 21. Festen begynder kl. 19³⁰.
I kan overnatte hos os.

Kærlig hilsen
Kirsten og Niels

invitere (1) *einladen*, overnatte (1) *übernachten*

Beantworten Sie den Brief mit Hilfe von folgenden Stichwörtern:
— Tak for invitationen. — Birte kan desværre ikke komme. —
— Fredag d. 21.: på weekend-tur med børnehaven. — Søren kan komme. —
Kører med toget (*mit dem Zug*) til København.

15A Text

På restaurant

Et par dage senere siger Peter til sekretæren i Niels' firma: Jeg ville gerne invitere Niels og hans kone ud at spise i morgen aften. Hvor kan man spise godt?

Sekretæren: I restauranten henne på hjørnet spiser man godt. Der plejer Niels og Kirsten også at komme. Restauranten hedder „Christian IV", og det er nok klogt at bestille bord i forvejen.

Peter: Tak for hjælpen!

Sekretæren: Jeg kan godt ringe og bestille et bord for dig, hvis du vil?

Peter: Ja tak, det er meget venligt af dig. Et bord til fire personer til kl. 20. Min kone kommer nemlig til København i morgen eftermiddag.

Peter og Maria, Niels og Kirsten mødes i restauranten. De sætter sig ved det bord, som er reserveret til dem, og Peter beder tjeneren om spisekortet.

Peter: Skal vi tage en suppe til forret?
Kirsten: Nej tak. Jeg vil hellere springe over forretten.
Niels: Også jeg.
De studerer spisekortet, og Peter spørger:
Hvad kunne I tænke jer?
Niels: Jeg kunne godt tænke mig en stegt rødspætte med rejer.
Kirsten: Rødspætten smager sikkert lækkert, men en hel rødspætte
           er for meget for mig. Jeg vil hellere have røget ørred med
           nye kartofler.
Peter: Det lyder også dejligt, men jeg kan ikke rigtig bestemme
           mig.
Maria: Jeg vil gerne have rigtig dansk flæskesteg med rødkål og
           svesker.
Peter: Ja, det var en god ide! Det vil jeg også.
Peter kalder på tjeneren og bestiller maden. Tjeneren spørger:
Hvad vil I drikke til?
Peter: Til fisken en flaske tør hvidvin. Og til flæskestegen en fransk
           rødvin.
Tjeneren: Jeg kan anbefale husets vine. Det er franske landvine.
Peter: Ja tak, det er i orden!
Tjeneren: Ja tak!
Niels: Jeg vil også gerne have en flaske mineralvand.
Tjeneren: Ja tak!

restaurant, -en, (-er) *Restaurant*
  [ʀɛsdoˈʀɑŋ]
et par dage senere [ed *ein paar Tage später*
  ˈpɑɐ̯ ˈdaːə ˈseːnɐ]
sekretær, -en, (-er) *Sekretär(in)*
  [segʀəˈtɛːˀɐ̯]
ud at spise (2) [ˈuð *essen gehen*
  ɔ ˈsbiːsə]
hjørne, -t, (-r) *Ecke*
  [ˈjœɐ̯nə]
Christian IV, Chri- *dän. König*
  stian den Fjerde *1586 – 1648*
nok [ˈnɔg] *sicherlich, gewiß,*
  vermutlich
klog [ˈklɔːˀw] *klug, gescheit*
bestille (2) [beˈsdelˀə] *bestellen*
i forvejen [i ˈfɒːˌvajˀn] *im voraus*
mødes (2) [ˈmøːðəs] *sich treffen*

reservere (1) reservieren
  [ʀɛsɛɐ̯ˈvɛːˀɐ̯]
tjener, -en, (-e) Ober
  [ˈtjeːnɐ]
spisekort, -et, (-) Speisekarte
  [ˈsbiːsəˌkɒɐ̯d]
suppe, -n, (-r) [ˈsɔbə] *Suppe*
forret, -ten, (-ter) *Vorspeise*
  [ˈfɒˌʀɛd]
springe over (U) *überspringen,*
  [ˌsbʀɛŋə ˈɔwˀɐ̯] *auslassen*
tænke sig (2) [ˈtɛŋgə *sich vorstellen*
  ˌsaj]
reje, -n, (-r) [ˈʀajə] *Krabbe, Garnele*
røget [ˈʀɔjð] *geräuchert*
ørred, -en, (-er) *Forelle*
  [ˈœʀəð]

dejlig ['dɑjli]	schön, herrlich, lecker	tør ['tœːˀɐ̯]	trocken
bestemme sig (2) [be'sdɛmˀə ˌsɑj]	sich entscheiden	hvidvin, -en, (-e) ['við ˌviːˀn]	Weißwein
flæskesteg, -en, (-e) ['flɛsgəˌsdɑjˀ]	Schweinebraten mit Kruste	rødvin, -en, (-e) ['ʁøð ˌviːˀn]	Rotwein
rødkål, -en, (-) ['ʁøð ˌkɔːˀl]	Rotkohl	anbefale (1) ['anbeˌfaːˀlə]	empfehlen
sveske, -n, (-r) ['svesgə]	Zwetschge	husets vin ['huːˀsəðs viːˀn]	Hausmarke (Wein)
kalde på (2) ['kalə ˌpɔːˀ]	rufen	landvin, -en, (-e) ['lan ˌviːˀn]	Landwein
vin, -en, (-e) ['viːˀn]	Wein	mineralvand, -et [minə'ʁɑːˀlˌvanˀ]	Mineralwasser

15B   Sprachgebrauch — Landeskunde

1. Im Restaurant — På restaurant

Jeg vil gerne have

Må jeg bede om

| noget at drikke |
| noget at spise |
| spisekortet |
| en anden kniv/en kniv til fisk |
| en tør rødvin |
| en ny tallerken |
| lidt mere brød |
| lidt flere kartofler |
| et askebæger *Aschenbecher* |
| regningen *die Rechnung* |

2. Trinkgeld — Drikkepenge

Es ist in Dänemark nicht mehr üblich, im Restaurant, Taxi, Hotel oder beim Friseur Trinkgeld zu geben. Alle Preise sind inklusive Bedienung (**inklusive betjening**). Allerdings kann man immer auf das Wechselgeld verzichten mit der Bemerkung: „**Det passer!**" (*Es stimmt so!*)

3. Cafeteria — kro — restaurant

Es gibt drei Hauptkategorien von Gaststätten:
cafeteria: mit Selbstbedienung/**selvbetjening** und relativ niedrigen Preisen
kro: meist im ländlichen Bereich, unterschiedlich gute, traditionelle Küche, oft mit einem preiswerten Tagesgericht/**dagens ret**
restaurant: große Unterschiede hinsichtlich von Qualität und Preisen

132

15C Grammatik

1. Die Funktion der Adjektive und Adverbien

Wie im Deutschen dienen die Adjektive im Dänischen der näheren Beschreibung von Substantiven oder substantivischen Wörtern:

En **god** mad.
Maden er **god.**

Die Adverbien dienen hingegen der Beschreibung von nicht substantivischen Wörtern, d. h. vor allem Verben, Adjektiven oder einem ganzen Satz:

Maden smager **godt.**
Vi vil **gerne** cykle en tur.

2. Adverbien

Einige dänische Adverbien sind „echte" Adverbien, z. B.:
aldrig, allerede, alligevel, altid, bare, desværre, egentlig, endnu, gerne, hen, igen, ikke, måske, nemlig, nu, ofte, også, straks, tit.
Andere dänische Adverbien werden von Adjektiven abgeleitet. In sehr vielen Fällen wird die t-Form des Adjektivs als Adverb verwendet, z. B.:
Danskerne taler for **hurtigt.**
De taler også for **utydeligt.**
Hvor kan man spise **godt?**
Det lyder **dejligt.**
Rødspætten smager **lækkert.**
Diese für die skandinavischen Sprachen (sowie das Englische -*ly*, Französische -*ment* und Italienische -*mente*) typische formale Unterscheidung zwischen Adjektiv und Adverb gibt es im Deutschen nicht.

15D Übungen

1. *Umschreiben Sie die Sätze mit* **nok** *und* **sikkert** (*vermutlich, gewiß, sicherlich*) *zu einem Hauptsatz plus einem Nebensatz mit*: Jeg tror, at . . . . .

   Det er <u>nok</u> klogt at bestille et bord. → Jeg tror, at det er klogt at bestille et bord.
   a) Kaffen er <u>nok</u> kold nu. → Jeg tror, at . . . . .
   b) Rødspætte smager <u>sikkert</u> bedre end flæskesteg. → Jeg tror, at . . . . .
   c) De var <u>nok</u> trætte. → Jeg tror, at . . . . .
   d) Han er <u>nok</u> gået hjem. → Jeg tror, at . . . . .
   e) Han kommer <u>sikkert</u> i morgen igen. → Jeg tror, at . . . . .
   f) Min kone vil <u>sikkert</u> gerne snakke med dig. → Jeg tror, at . . . . .

2. *Schreiben Sie eine Antwort zu den folgenden Fragen, indem Sie das Präteritum plus* **i går** *verwenden:*

Muster: Vil du ikke skrive et brev til Niels? Jeg skrev allerede et brev til ham i går.

a) Vil du ikke bestille et bord i restauranten?

b) Vil du ikke ringe til Jørgen Poulsen?

c) Skal du ikke betale for det nye køleskab?

d) Vil du ikke flytte den nye lænestol ind i dagligstuen?

e) Skal du ikke besøge dine forældre?

Statt das Verb + Objekt + Bestimmungen zu wiederholen, kann man **gøre** *(tun)* **(gjorde, har gjort)** *+* **det** *als Ersatzverb und Objekt verwenden. Wiederholen Sie die Sätze a)–e) und verwenden Sie diesmal* **gjorde!**

Muster: Vil du ikke skrive et brev til Niels? Det gjorde jeg allerede i går.

3. *Adjektiv oder Adverbium?*

hurtig, hurtigt, langsom eller **langsomt?**
a) Bilen er . . . . ., toget kører . . . . . b) Den gamle mand går . . . . . c) Birte cykler . . . . . på arbejde. d) Bilerne skal køre . . . . . i byen. e) Peter spiser . . . . . .

billig, billigt, dyr eller **dyrt?**
a) Sofaen var meget . . . . . b) Bilen koster 200 000 kr. Det var da . . . . .! c) Han købte huset meget . . . . . d) Det var en . . . . . fest. e) Jeg købte cyklen . . . . . af min onkel.

varm, varmt, kold eller **koldt?**
a) Teen er desværre . . . . . nu. b) Om sommeren er der . . . . . i Spanien. c) Kom og spis! Din mad bliver . . . . . . d) Suppen er for . . . . .

sød, sødt, sur eller **surt?**
a) Vinen smager . . . . . b) Birte blev . . . . . på Søren. c) Desserten er for . . . . .

god, godt, dårlig eller **dårligt?**
a) Det var et meget . . . . . cafeteria, maden smagte . . . . . og kaffen var også . . . . .

nem, nemt, svær eller **svært?**
a) Det er . . . . . for udlændinge at lære dansk. b) Det var en . . . . . opgave med mange . . . . . ord. c) Det var . . . . . at lave opgaverne til i dag.

4. *Stellung der Satzglieder:*
   A. Lav spørgsmål!
   B. Lav ledsætninger (*Nebensätze*) med: Hun siger, at . . . . .

   a) | Peter | | spiser | | gerne | | på restaurant |

b) | det | | er | | klogt | | at bestille bord i forvejen |

c) | i restauranten henne på hjørnet | | spiser | | man | | godt |

d) | hun | | vil | | gerne | | springe over | | forretten |

e) | rødspætten | | smager | | lækkert |

f) | flæskestegen | | smager | | ikke | | godt |

5. *Setzen Sie die Adverbien in den Klammern in die Nebensätze ein*:

a) Sine siger, at Birte er sur. (tit) b) Kirsten siger, at hun vil springe over forretten. (hellere) c) Sekretæren mener, at det er klogt at bestille et bord. (nok). d) Peter spørger, hvad de vil have at spise. (gerne) e) Kirsten siger, at hun kan lide sød hvidvin. (ikke) f) Niels fortæller, at sekretæren er meget flink. (altid) g) Peter synes, at dansk er svært. (ikke) h) Niels fortæller, at han har lært fransk (aldrig), men at han har været god til engelsk og tysk. (altid)

6. *Sie gehen in ein Restaurant und wollen etwas essen. Wie würden Sie sich äußern?*
   Suchen Sie die passenden Formulierungen aus:

a) Har I et ledigt bord? Kan vi få et bord? Kan vi sætte os her?

b) Hvor er spisekortet? Må vi bede om spisekortet? Vi vil gerne se på et spisekort.

c) Tjener, vi vil have mere øl! Så giv os lige to øl! Vi vil gerne have to øl.

d) (Tjeneren spørger: Hvad vil I spise?) Vi har ikke bestemt os endnu. Det ved jeg ikke. Spørg igen senere!

e) Hvad er dagens ret? Har I ikke noget andet? Hvad kan du anbefale?

f) Må jeg godt få stegt kylling? Jeg skal have stegt kylling. Jeg vil gerne have stegt kylling.

7. *Telefonøvelse*:

Du ringer til restaurant „Christian IV“ og bestiller et bord:

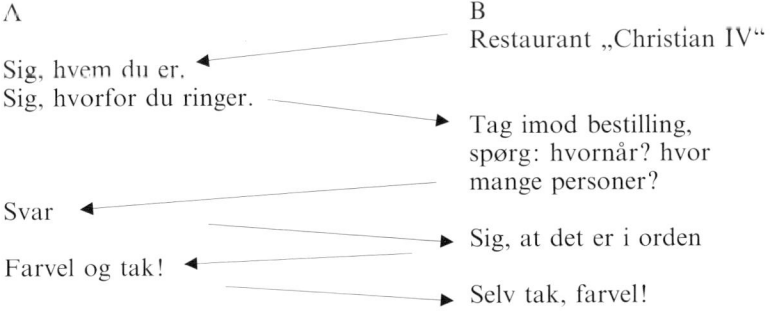

A

Sig, hvem du er.
Sig, hvorfor du ringer.

Svar

Farvel og tak!

B
Restaurant „Christian IV“

Tag imod bestilling,
spørg: hvornår? hvor
mange personer?

Sig, at det er i orden

Selv tak, farvel!

8. *Zusatzübung*: *Lesen Sie folgende Speisekarte durch, evtl. mit Hilfe eines Wörterbuchs, und stellen Sie sich ein Menü zusammen*:

Christian IV
Spisekort

Forretter:

Klar suppe med boller

Aspargessuppe

Champignonsuppe

Ristet franskbrød med røget laks

Kogt rødspættefilet på butterdejsbund med hollandaisesauce,
pyntet med rejer, karse, asparges og citron

Kold blomkål med bechamelsauce, skinke og rejer

Spinatrand med røget laks, asparges og røræg

Voll au vent med skaldyrssalat

Hovedretter:

Oksekød med to slags gemyse og peberrodssauce

Flæskesteg med rødkål, svesker og brune kartofler

Hamburgerryg med tre slags gemyse

Kalvesteg med waldorfsalat, bønner, brune kartofler og tyttebær

Oksefilet med glaserede løg, champignons, bønner, peberrod og bernaisesauce

Stegt kylling med grøn salat og flute

Sprængt kalkun med gemyse

Vildand med appelsinskiver og waldorfsalat

Stegt rødspætte pyntet med rejer og citron

Røget ørred med kartofler og smeltet smør

Kogt torsk med sennepssauce

Paneret rødfisk med kartoffelsalat

Søtunge med persillekartofler og salatanretning

Desserter:

Is med jordbærsauce eller frugter

Mandelbund med is og syltede pærer

Is med karamelsauce

Nøddetærte med ferskner og likørcreme

Jordbær med fløde

Rødgrød med fløde

9. *Übung für den Gruppenunterricht*: *Spielen Sie folgende Situation mit verteilten Rollen durch! Für Selbstlerner*: *Schreiben Sie einen Dialog!*

A: Gæst   B: Tjener

A kommer ind på en restaurant. Han/hun vil gerne have noget at spise og beder tjeneren om spisekortet. Tjeneren (B) fortæller, at køkkenet desværre er lukket. A kan kun få kolde retter og noget at drikke. Hvad sker (*geschieht*) der så?

16A Text

FORÅR   SOMMER   EFTERÅR   VINTER

1 Sommer — Søren snakker med sin nabo

Søren og Birte kender endnu ikke deres nye naboer særlig godt. De har ikke haft tid til at invitere dem endnu. En varm sommerdag i juli er en af naboerne ved at klippe hæk, og Søren går ned i haven for at snakke med ham. Søren tænker: Hvad skal jeg sige til ham? Skal jeg sige: „Det er vel nok en fin hæk, du har!" — Nej, det er for dumt! Skal jeg måske invitere ham på en øl?

Da Søren kommer ned til hækken, siger han: „Dav. Det er vel nok fint vejr i dag!"

Naboen: Dav! Ja, det er lige til at holde ud, hvis man bare ikke skulle arbejde.

Søren: Ja, det er et dejligt vejr at holde ferie i.

Naboen: I har måske ferie nu?

Søren: Ja, det har vi. Har I også snart sommerferie?

Naboen: Vi får først ferie i august. Så tager vi i sommerhus ved Vesterhavet sammen med nogle venner. Det gør vi hvert år.

Søren: Det lyder jo hyggeligt!

Naboen: Ja, det plejer det at være. Bare det fine vejr nu holder så længe. — Rejser I også på ferie?

Søren: Nej . . . Vi har jo lige købt huset her, så vi har ikke råd til at rejse på ferie i år. Har du ikke lyst til en kold øl her i varmen?

Naboen: Jo tak, det kunne jeg vist godt trænge til.

Søren: Jeg henter lige et par kolde.

Da Søren kommer ind igen, spørger Birte: Hvad snakkede du så med naboen om?

Søren: Nå, vi snakkede bare om vind og vejr.

2 Vinter — Mads snakker med sin ven Jørgen

Mads: Jeg var til køreprøve i går. Men jeg må ikke hente mit knallertkørekort endnu, fordi jeg ikke er seksten.

Jørgen: Hvor meget koster det at tage kørekort til knallert?

Mads: Køreprøven koster ikke noget, men når man henter kørekortet på kommunekontoret, skal man betale 100 kr. for det.

Jørgen: Det går. Hvor meget skal man så betale, hvis man dumper?

Mads: Ved knallertkøreprøven kan man slet ikke dumpe. Så skal man da være meget dum.

Jørgen: Nå!

Mads: Nej, det kan man ikke. Man skal bare være der og køre med hver gang, så får man kørekortet. Men det er sgu koldt, når man skal ligge og køre rundt om vinteren.

Jørgen: Puha, godt det ikke er mig!

Mads: Sidste uge var det dårligt vejr. Vi kørte i regn og sne, og vi var våde allesammen.

1
forår, -et, (—) ['fɒˌɒːˀ] *Frühling*

sommer, -en, (somre) ['sɔmɐ] *Sommer*

efterår, -et, (—) ['ɛfdɐˌɒːˀ] *Herbst*

vinter, -en, (vintre) ['venˀdɐ] *Winter*

nabo, -en, (-er) ['naːbo] *Nachbar*

tid, -en, (-er) ['tiːˀð] *Zeit*

være ved at [vɛːɐ 've ad/ɔ] *gerade (etwas) tun*

klippe (1) ['klebə] *schneiden*

hæk, -ken, (-ke) ['hɛg] *Hecke*

holde ud (U) [hɔlə 'uðˀ] *aushalten*

øl, -len, (—/-ler) ['øl] *Flaschenbier*

det er lige til at holde ud *man kann es aushalten*

bare (*Adverb*) ['baːɑ] *nur, bloß*

ferie, -n, (-r) ['feːˀɐjə] *Ferien, Urlaub*

holde (U) ferie *Urlaub machen*

Vesterhavet ['vɛsdɐˌhaːˀvəð] *die Nordsee*

bare (*Konjunktion*) ['baːɑ] *wenn bloß*

varme, -n ['vɑːmə] *Wärme (Hitze)*

trænge til (2) ['tʀɛŋəˌte] *nötig haben*

et par kolde *umgangssprachlich* *kaltes Bier*

nå ['nɒ] *tja!*

vind, -en, (-e) ['venˀ] *Wind*

vejr, -et ['vɛːˀɐ] *Wetter*

vind og vejr	*Wind und Wetter,* hier: *über alles Mögliche*	hver gang ['vɛːˀɐ̯ 'gaŋˀ]	jedes Mal
2		sgu ['sgu] *umgangssprachlich*	etwa: *verdammt*
køreprøve, -n, (-r) ['køːɐ̯ˌpʀøvə]	*Fahrprüfung*	køre rundt (2) [køːɐ̯ 'ʀɔnˀd]	*herumfahren*
knallertkørekort, -et, (—) ['knalˀɐdˌkøːɐ̯kɒɐ̯d]	*Mofaführerschein*	ligge og køre rundt	*(dauernd) herumfahren*
at tage kørekort	*den Führerschein machen*	puha! ['puˈha]	*igitt!*
kommunekontor, -et, (er) [koˈmuːnəkɔnˈtoːˀɐ̯]	*Rathaus, Gemeindeverwaltung*	godt det ikke er mig	etwa: *ein Glück, daß ich das nicht bin*
		regn, -en ['ʀɑjˀn]	*Regen*
		sne, -en ['sneːˀ]	*Schnee*
dumpe (1) ['dɔmbə]	*durchfallen*	våd ['vɔːˀð]	*naß*
nå! ['nɒ]	*ach so!*	allesammen ['aləˌsamˀən]	*alle (zusammen)*

16B Sprachgebrauch — Landeskunde

Vind og vejr

SOL	SOL OG SKYET	SKYET	TORDEN	REGN	SNE

a) Vind:

svag		*schwacher*	
let		*leichter*	
jævn	vind	*mäßiger*	*Wind*
frisk		*frischer*	
hård		*starker*	
	kuling	*stürmischer Wind*	
	storm	*Sturm*	

b) Temperatur:

Substantiv		Verb		Adjektiv	
frost	*Frost*	det fryser	*es friert*		
kulde	*Kälte*			kold	*kalt*
tø	*Tauwetter*	det tør	*es taut*		
				kølig	*kühl*
				mild	*mild*
varme	*Wärme*			varm	*warm, heiß*

c) Nedbør *Niederschlag*:

Substantiv	*Verb*	*Adjektiv*
en sky *Wolke*		overskyet *bedeckt*
		skyet *bewölkt*
en byge *Schauer*		
regn *Regen*	det regner *es regnet*	
torden *Gewitter*		
sne *Schnee*	det sner *es schneit*	
is *Eis*		
tåge *Nebel*		tåget *neblig*
		tør *trocken*
		våd *naß*

d) Solen skinner. *Die Sonne scheint.*
   Det er godt/fint/dejligt vejr.
   Det regner og blæser (*ist windig*).
   Det er dårligt vejr.

e) Vejrudsigt for tirsdag den 15. marts:
   Let til frisk vind
   omkring vest. Enkelte
   regnbyger, men også
   nogen sol. Temperatur:
   5 — 8 grader.

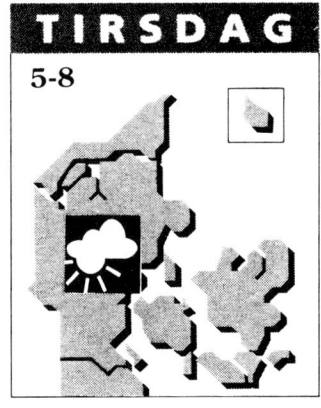

TIRSDAG

5-8

svag ['svaˀj]   *schwach*
let ['lɛd]   *leicht*
jævn ['jɛwn]   *mäßig*
frisk ['fʀesg]   *frisch*
hård ['hɒːˀ]   *stark*
kuling, -en ['kuːleŋ]   *stürmischer Wind*
storm, -en, (-e)   *Sturm*
  ['sdɒːˀm]
temperatur, -en, -er   *Temperatur*
  [tɛmbəʀɑ'tuːˀɐ]
frost, -en ['fʀɔsd]   *Frost*
fryse (U) ['fʀyːsə]   *frieren*
kulde, -n ['kulə]   *Kälte*
tø/tøvejr, -et ['tøːˀ]   *Tauwetter*
tø (*Verb*) (1) ['tøːˀ]   *tauen*
mild ['milˀ]   *mild*
nedbør, -en   *Niederschlag*
  ['neðˌbøːˀɐ]

sky, -en, (-er) ['sgyːˀ]   *Wolke*
overskyet   *bedeckt*
  ['ɔwɔˌsgyːˀð]
skyet ['sgyːˀð]   *bewölkt*
byge, -n, (-r) ['byːjə]   *Schauer*
torden, -en ['toɐdən]   *Gewitter*
sne (*Verb*) (1) ['sneːˀ]   *schneien*
is, -en ['iːˀs]   *Eis*
tåge, -n, (-r) ['tɔːwə]   *Nebel*
tåget ['tɔːwəð]   *neblig*
sol, -en (-e) ['soːˀl]   *Sonne*
skinne (1) ['sgenə]   *scheinen*
vejrudsigt, -en, (-er)   *Wetterbericht*
  ['vɛɐˌuðsegd]
omkring [ɔm'kʀɛŋˀ]   *um . . . (herum)*
enkelt ['ɛŋˀgəld]   *einzeln*
grad, -en, (-er)   *Grad*
  ['gʀɑːˀð]

16C Grammatik

1. Verlaufsform

a) Naboen **er ved at** klippe hækken.
   Mads **er ved at** tage kørekort.

b) Han **går og tænker** på sin ferie.
   Naboen **står og klipper** hækken.
   Mads **sidder og snakker** med Jørgen.
   Mads **ligger og kører** knallert om eftermiddagen.

„De **sidder og spiser** morgenmad" er det samme som: „De **er ved at spise** morgenmad.

Die Konstruktionen unter a) und b) dienen dazu, den Verlauf einer Handlung hervorzuheben, vergleichbar mit der englischen ing-Form.
Im Deutschen geschieht dies in der Regel durch Konstruktionen wie „ist dabei . . ." oder durch Adverbien wie „gerade".

Hvad laver du? — Jeg er ved at læse avisen.
                — Jeg sidder og læser avisen.
                — *Ich lese gerade die Zeitung.*

2. Nebensatzeinleitende Konjunktionen

Merken Sie sich die Bedeutung dieser nebensatzeinleitenden Konjunktionen: (vergl. **11C1**)

når	*wenn (zeitlich)*	**Når** skolen er slut, kører jeg hjem.
hvis	*wenn, falls (bedingend)*	**Hvis** du er sød, får du en is.
da **da**	*als (zeitlich)* *da (begründend)*	**Da** han kom hjem, drak han kaffe. Mads må ikke hente sit kørekort, **da** han ikke er seksten endnu.
fordi	*weil (begründend)*	Mads må ikke hente sit kørekort, **fordi** han ikke er seksten endnu.

16D Übungen

1. *Her er nogle ord, der fortæller om vejret*:

   sne, storm, kulde, frost, skyer, regn, vind, tø, solskin, is, tåge, varme, regnbyger, torden

   Ordnen Sie die oben genannten Wörter den vier Jahreszeiten zu. Sie dürfen gerne dasselbe Wort mehrmals verwenden.

141

2. *Schreiben Sie Fragen und Antworten mit* **hvorfor . . . . . fordi** *nach folgendem Muster (Achten Sie jedoch auf die richtige Gliedstellung im Fragesatz und Nebensatz. vergl.* **11C2** *und* **14C2**):

Søren går ned i haven.
Hvorfor går Søren ned
i haven?
Søren vil ikke snakke om hækken.
Hvorfor . . . . .
Søren vil hellere snakke om vejret.
Hvorfor . . . . .
Naboen har ikke ferie.
Hvorfor . . . . .
Birte og Søren rejser ikke på ferie.
Hvorfor . . . . .
Naboen vil gerne drikke en øl.
Hvorfor . . . . .
Mads må ikke hente sit kørekort.
Hvorfor . . . . .
Det er ikke hyggeligt at køre
på knallert i december.
Hvorfor . . . . .

Han vil gerne snakke med sin nabo.
Fordi han gerne vil snakke med sin
nabo.
Det er for dumt.
Fordi . . . . .
Det er almindelig smalltalk.
Fordi . . . . .
Han får først ferie i august.
Fordi . . . . .
De har ikke råd.
Fordi . . . . .
Det er varmt.
Fordi . . . . .
Han er ikke seksten endnu.
Fordi . . . . .
Det er for koldt.

Fordi . . . . .

3. *Skriv, hvordan vejret er fra mandag til søndag!*

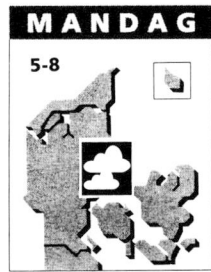
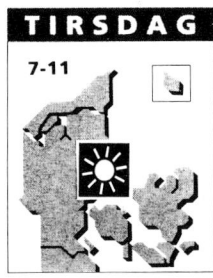
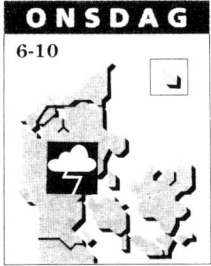
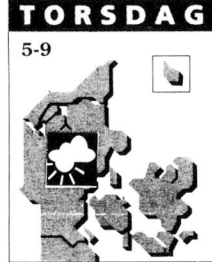

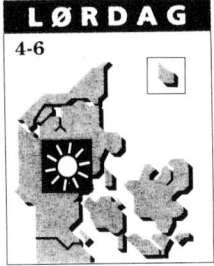

4. *Indsæt* **dejlig, dejlige** *eller* **dejligt**:

a) Vejret er . . . . . b) Det er . . . . . med en kold øl i varmen. c) Solen skinner
. . . . ., det er . . . . . varmt. d) Det er . . . . . at sove længe. e) Vil du have en kop
kaffe? f) Ja tak, det lyder . . . . .

Indsæt **dårlig, dårlige** *eller* **dårligt**:

a) Søren og Birte havde . . . . . vejr i deres ferie sidste år. b) De boede på et . . . . .
hotel. c) Maden var . . . . ., sengene var . . . . ., og deres humør var også . . . . .

Indsæt **hyggelig, hyggelige** *eller* **hyggeligt**:

a) Deres nabo havde en . . . . . ferie sidste år. b) Han holdt ferie sammen med
nogle . . . . . venner. c) De boede i et . . . . . sommerhus ved Vesterhavet.

5. *Indsæt* **for at, at, hvis, når, da** *eller* **fordi**:

a) Mads skrev i sit brev, ... han var kommet til Ærøskøbing . . . . .
arbejde hos havnefogeden. b) Havnefogeden tog imod ham ved færgen, ...
han kom. c) Mads skal rydde op på havnen hver dag, og . . . . . han er færdig med
det, skal han gøre rent i baderummene. d) . . . . . det er fint vejr, kan Mads godt
lide at være på havnen. e) Men han har ikke tid til at snakke med sejlerne, ...
han skal arbejde. f) . . . . . det regner, synes Mads, ... det er hyggeligere
hjemme i Ålborg. g) Men Mads har brug for penge, ... han gerne vil købe en
ny knallert. h) . . . . . han havde penge nok, ville han ikke arbejde så meget. i)
Han glæder sig til at komme hjem igen, ... han er færdig med sit feriejob.

6. *Skriv en historie* (Geschichte) *om billederne!*

7. *Zusatzübung — insbesondere für Segler:*
   Lesen Sie — evtl. mit Hilfe eines Wörterbuchs — die folgenden zwei Wetterberichte
   und Seewetterberichte durch: Prägen Sie sich die festen Wendungen ein!

Mest skyet, men antagelig tørt vejr. Højeste temperatur mellem 15 og 20 grader og jævn sydvestlig vind. I løbet af aftenen og natten regn, der breder sig fra sydvest. Temperatur omkring 10 grader og frisk sydvestlig og sydlig vind.

Farvandsudsigten for Østersøen, indre danske farvande og Skagerrak: Omkring sydvest 5 til 10 m/s (*Meter pro Sekunde*). Nordsøen: Syd op til kuling 10 til 15 m/s, der senere drejer mod vest og aftager til ca. 10 m/s.

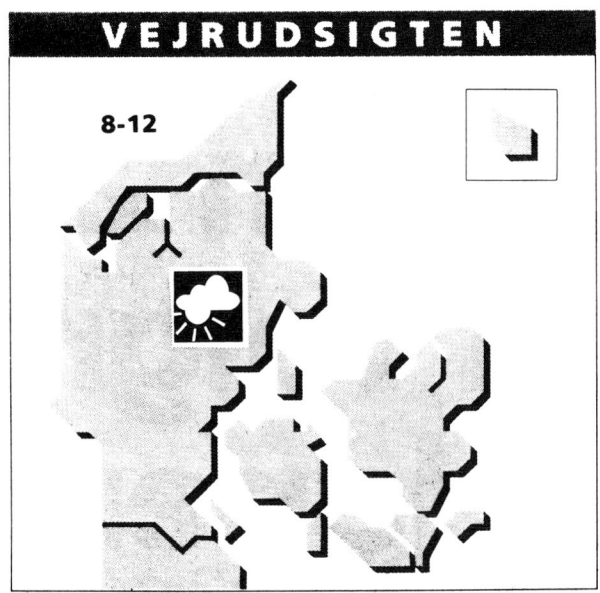

SOL	SOL OG SKYET	SKYET	TORDEN	REGN	SNE

De fleste steder kommer der nogen sol, men der kan også komme enkelte byger, antagelig om eftermiddagen. Temperaturerne når op mellem 8 og 12 grader og om natten fra frysepunktet til 5 graders varme. Vinden bliver svag til frisk fra syd og sydvest.

Farvandsudsigterne: Østlige Østersø: Sydøst eller skiftende, under 10 m/s. Vestlige Østersø, indre danske farvande og Skagerrak: Syd og sydvest, under 10 m/s. Nordsøen: Vest og sydvest, 8 til 13 m/s, i løbet af dagen drejende syd og sydøst, tiltagende til kuling, 13 til 18 m/s.

17A   Text

Undervejs

Maria og Peter havde lejet Povlsens sommerhus to uger i august.
På vej op gennem Jylland begyndte deres bil at lave en forfærdelig larm.
„Hvad er det?" spurgte Maria forskrækket. „Det lyder jo, som om lydpotten er gået i stykker." „Nå, det er nok ikke så slemt," mente Peter. Men det blev værre og værre. Til sidst måtte de køre væk fra motorvejen for at finde et værksted: Bilen skulle repareres.
Det lykkedes også at finde et lille værksted i nærheden.
Peter sagde til mekanikeren:
„Dav! Vi har vist hul i lydpotten."
„Ja, det kan høres langt væk," sagde mekanikeren.
„Kan du skifte lydpotten ud? spurgte Peter.
„Ja, men det hjælper ikke ret meget, for der er også hul på dit udstødningsrør. Hele molevitten skal skiftes ud," sagde mekanikeren.
„Nå. Hvor lang tid tager det?" ville Peter vide.
„Det tager kun en halv time."
„Kan du nå det på så kort tid? spurgte Maria.
„Ja, men jeg tror ikke, at jeg har reservedelene på lager. De skal først bestilles."
„Åh nej," sagde Peter, „hvad skal vi så gøre?
„Hvis jeg ringer til centrallageret nu, varer det kun et par timer, inden reservedelene kommer. Om tre timer' kan I få jeres bil igen," lovede mekanikeren.
„O. k. Så går vi en tur, mens bilen bliver repareret," sagde Maria. „Jeg synes, vi skal finde et sted, hvor vi kan få lidt at spise, mens vi venter. Mon der findes en kro i nærheden?"

undervejs [ɔnɐ'vɑjʔs]	unterwegs	som om [sɔm 'ɔmʔ]	als ob
op ['ɔb]	hinauf, hier: nicht übersetzbar	lydpotte, -n, (-er) ['lyð‚pɔdə]	Auspufftopf
Jylland ['jy‚lanʔ]	Jütland	i stykker [i 'sdøgɐ]	kaputt
forfærdelig [fɒ'fɛɐ̯ʔdə‚li]	entsetzlich, furchtbar	slem (værre, værst) ['slɛmʔ]	schlimm
larm, -en ['laːʔm]	Lärm	mene (2) ['meːnə]	meinen
forskrækket [fɒ'sgʀɛgəð]	erschrocken, erschreckt	til sidst [te 'sisd]	zuletzt, schließlich
		væk ['vɛg]	weg

145

motorvej, -en, (-e)   *Autobahn*
  ['moːtɒˌvɑjˀ]
reparere (1)   *reparieren*
  [ʀɛpɑ'ʀɛjˀə]
lykkes (1) ['løgəs] *nur gelingen*
  unpersönlich mit **det**
  als Subjekt, nur
  s-Form
nærhed, -en   *Nähe*
  ['nɛɐ̯ˌheːˀð]
mekaniker, -en, (-e)   *Mechaniker*
  [me'kaːˀnigɐ]
hul, -let, (-ler) ['hol]   *Loch*
langt væk ['laŋˀd   *weit weg, von weit her*
  'vɛg]
skifte ud (1) [ˌsgifdə   *austauschen*
  'uð]
ikke ret meget ['egə   *nicht sehr viel*
  'ʀɛd 'majəð]
udstødningsrør, -et, (-)   *Auspuffrohr*
  ['uðˌsdøðˀneŋsˌʀœɐ̯]
hele molevitten   *der ganze Salat*
  [molə'vidən] *um-*
  gangssprachlich
hvor lang tid [vɒ 'laŋˀ   *wie lange*
  'tiːˀð] = hvor længe

tage (U) ['taːˀ]   hier: *dauern*
nå (U) ['nɔːˀ]   *erreichen, schaffen*
på ['pɔːˀ]   hier: *in*
reservedel, -en, (-e)   *Ersatzteil*
  [ʀɛ'sɛːɐ̯vəˌdeːˀl]
lager, -et, (lagre)   *Lager*
  ['laːˀjɐ]
åh nej! [ɔː 'nɑjˀ]   *oh nein!*
gøre (U) ['gøːɐ]   *tun*
centrallager, -et,   *Zentrallager*
  (-lagre)
  [sɛn'tʀaːˀlˌlaːˀjɐ]
vare (1) ['vaːɑ]   *dauern*
inden (*Konjunktion*)   *bevor, ehe*
  ['enən]
om tre timer   *in drei Stunden*
love (1) ['lɔːvə]   *versprechen*
mens (*Konjunktion*)   *während*
  ['mɛnˀs]
vente (1) ['vɛndə]   *warten*
mon ['mɔn]   *ob*
der/det findes   *es gibt*
  (U, vergl. finde)

17B Sprachgebrauch — Landeskunde

1. Trafik

I Danmark er der hastighedsgrænser (*Geschwindigkeitsbeschränkungen*):
50 km/t i byer
80 km/t på landevej (*Landstraße*)
110 km/t på motorvej
Hvis man kører for hurtigt, får man måske en stor bøde (*Bußgeld*).

Transportmidler *Verkehrsmittel*

private		offentlige	
en cykel	*Fahrrad*	en bus	*Bus*
en knallert	*Moped*	en rutebil	*Linienbus*
en motorcykel	*Motorrad*	et tog	*Zug*
en bil	*Auto*	et fly/en flyvemaskine	*Flugzeug*
		en taxa/taxi	*Taxi*
		en færge	*Fähre*

2. Være glad, være ked af det

glad	Børnene er glade.	*froh, fröhlich*
glæde sig til noget	Børnene glæder sig til sommerferien.	*sich auf etwas freuen*
være glad for noget	1. Mads er glad for at komme hjem. 2. Birte er glad for børn.	*1. über etwas froh sein* *2. etwas gern haben*
glædelig	glædelig jul! *frohe Weihnachten*	*fröhlich, erfreulich*
ked af det	Peter er ked af det.	*traurig sein*
være ked af noget	1. Peter er ked af, at bilen er gået i stykker. 2. Peter er ked af at rejse rundt. 3. Undskyld, det er jeg ked af!	*1. über etwas traurig, verärgert sein* *2. etwas satt haben, müde sein* *3. leid tun (es tut mir leid!)*
kedelig	1. Filmen var kedelig. 2. Det var kedeligt, at han ikke kunne komme.	*1. langweilig* *2. unerfreulich, bedauerlich*

3. mene, tro og synes

mene: *meinen, eine Ansicht/Meinung haben/äußern*: Peter mente, (at) det nok ikke var så slemt.

tro: *glauben, religiös, an Gott glauben*: Søren tror på Gud.

trauen: Søren tror ikke på politikerne (*den Politikern*).

vermuten, mutmaßen, nicht ganz sicher sein: Jeg tror,(at) Søren er 45 år gammel, men jeg ved det ikke.

synes: *finden, drückt eine persönliche Meinung/Erfahrung aus*:
Jeg synes, (at) maden smager godt.
In der gesprochenen Sprache fällt das nebensatzeinleitende **at** fast immer weg.

147

17C   Grammatik

1. Das Plusquamperfekt

Das Plusquamperfekt wird im Dänischen wie im Deutschen gebildet von:
Präteritum von **have** oder **være** + Partizip Perfekt:
— havde lejet, havde spist
— var kørt, var begyndt (vergl. **12C2**)
De **havde lejet** et sommerhus.
Lydpotten **var gået** i stykker.
De **havde spist** morgenmad.
Det **var begyndt** at regne.

2. s-Formen der Verben

Infinitiv:	Präsens:	Präteritum:
Stamm + (e)s	Stamm + (e)s	Präteritum + (e)s
det kan høres det skal skiftes ud de skal bestilles bilen skulle repareres	brevet åbnes her jeg synes findes der en kro?	det lykkedes

Die s-Formen der Verben verwendet man:

1) als **Passiv**
   a) immer nach einem **Modalverb** (Passiv-Infinitiv)
   b) in Anweisungen, Vorschriften, (Zeitungs-) Überschriften, Rezepten, Regeln u. ä.
2) Es gibt eine kleine Anzahl von Verben, die nur eine s-Form haben, jedoch eine aktive Bedeutung ausdrücken:
   jeg synes   *ich finde*
   det lykkes   *es gelingt*

Bei anderen Verben hat die s-Form eine besondere Bedeutung, z. B.:
der/det findes   *es gibt*
de mødes   *sie treffen sich*

3. Passiv mit blive + Partizip Perfekt

Abgesehen von den unter 2.1) erwähnten Fällen wird das **Passiv** im Dänischen wie im Deutschen gebildet, nämlich aus dem Hilfsverb **blive** *werden* + **Partizip Perfekt:**

Präsens:	Bilen **bliver repareret.**
Präteritum:	Bilen **blev repareret.**
Perfekt:	Bilen **er blevet repareret.**
Plusquamperfekt:	Bilen **var blevet repareret.**

Während das **s-Passiv** nur im Infinitiv, Präsens und Präteritum gebräuchlich ist, kann man die Passiv-Form mit **blive** in allen Zeitformen bilden.

4. Passiv mit få + Partizip Perfekt

Es gibt noch eine dritte Möglichkeit, inhaltlich passivische Sätze zu bilden, indem man **få** *bekommen, kriegen* als Hilfverb verwendet, also **få** + Partizip Perfekt:
De **fik** bilen **repareret.**
Han **fik** sin mad **serveret.** *Er bekam sein Essen serviert.*

17D   Übungen

1. *Hvad er rigtigt, hvad er forkert?*

	rigtigt	forkert
a) Maria og Peter er på vej hjem fra ferie.	☐	☐
b) Maria og Peters bil bruger for meget olie.	☐	☐
c) Maria og Peter får en bøde, fordi deres bil larmer for meget.	☐	☐
d) Mekanikeren kan godt reparere Maria og Peters bil.	☐	☐
e) Mekanikeren har reservedelene på lager.	☐	☐
f) Maria og Peter vil gerne vente, til bilen er blevet repareret.	☐	☐
g) Det varer hele dagen, før bilen er repareret.	☐	☐

2. *In Anweisungen, Rezepten, Gebrauchsanleitungen usw. können die s-Formen der Verben (s-Passiv) oft durch einen Imperativ (eine Befehlsform) ersetzt werden (vergl. **2C3**), z. B.:*

Kyllingerne **steges** ved 200 grader → **Steg** kyllingerne ved 200 grader.
Kyllingerne **serveres** med kartofler. → **Server** kyllingerne med kartofler.

Umschreiben Sie folgende Anweisungen, indem Sie die s-Formen durch Imperativformen ersetzen:

Folgende Wörter sind neu: stege (2) *braten,* servere (1) *servieren,* koge (2) *kochen,* komme i (U) *zugeben, hinzufügen*

Sukker kommes i teen. Rødspætten steges på panden.
Kartoflerne koges i 20 minutter. Brødet bages 1 time ved 225 grader. Fisken steges i smør. Fisken serveres altid meget varm. Hvidvinen drikkes ikke alt for kold. Rejerne spises straks. Bord reserveres i forvejen. Grøntsagerne kommes i suppen.

3. *Indsæt* **mene, tro** *eller* **synes**:

Helles mor og far, Jan og Bodil, snakker sammen:
Jan: Hvad . . . . . du om Helles nye ven?
Bodil: Jeg . . . . . da, han er meget sød.
Jan: Jeg . . . . . nu, han er lidt dum. Jens . . . . . også, at han ikke er alt for klog.
Bodil: Jeg . . . . . nu, du skulle lade Helle bestemme selv. Jeg . . . . . ikke, det er klogt af dig at sige noget til hende.
Jan: Sådan . . . . . jeg det jo heller ikke. Han er sikkert meget flink, men jeg . . . . . ikke, at han er god nok til min datter!
Bodil: Jeg . . . . ., han er flink, venlig, høflig og meget sød. Hvad vil du mere? Jeg . . . . ., at drenge somme tider er lidt langsommere end piger. Om et par år er han måske rigtig dygtig.
Jan: Måske, men jeg . . . . . det ikke.

4. *Beskriv en person:*

negativ	positiv
dum *dumm*	dygtig, klog, sød *tüchtig, klug, lieb*
doven *faul*	flittig *fleißig*
fræk *frech*	flink *nett*
uhøflig *unhöflich*	høflig *höflich*
kedelig *langweilig*	interessant *interessant*
ond *böse*	god *gut*
uvenlig *unfreundlich*	venlig *freundlich*

Dialogübung:

a) *Verwenden Sie die oben angeführten Adjektive, um eine Person zu beschreiben.* **A** *gibt eine negative Beschreibung,* **B** *eine positive.*
b) **A** *und* **B** *versuchen jetzt, einander zu überzeugen.*
Verwenden Sie auch: jeg tror, jeg tror ikke, jeg mener, jeg synes, jeg synes ikke.

5. *Bilden Sie Hauptsatz* + *Relativsatz mit* **som/der** *oder lassen Sie die Relativkonjunktion weg, wenn möglich (vergl.* **14C1**)*. Achten Sie bitte auf die richtige Reihenfolge der Satzglieder im Relativsatz (vergl.* **11C2**)*!*

   a) Maria og Peter var glade for sommerhuset. Sommerhuset havde de lejet af Povlsens.
   b) Deres bil lavede en forfærdelig larm. Larmen kunne høres langt væk.
   c) Det var nok lydpotten. Lydpotten var gået i stykker.
   d) Maria og Peter fandt en mekaniker. Mekanikeren kunne reparere deres bil.
   e) Mekanikeren bestilte reservedelene. Reservedelene havde han ikke på lager.
   f) Mekanikerens værksted lå i en lille by. Byen var meget kedelig, syntes Maria.
   g) Maria kunne godt lide mekanikeren. Mekanikeren var meget flink.
   h) Men Peter var ked af regningen. Regningen skulle han betale.

6. *Setzen Sie folgende Sätze ins* **blive-Passiv** *in der entsprechenden Zeitform um: Lassen Sie das Subjekt des aktiven Satzes im Passiv weg! Das Objekt des Aktivsatzes wird Subjekt im Passivsatz.*

   Eksempel: Han **reparerede** bilen. → Bilen **blev repareret.**

   a) De spiste maden.   b) De drak kaffen.   c) Hun steger kyllingerne ved 170 grader.   d) De byggede det nye hus på et halvt år.   e) Han flyttede lænestolen ind i dagligstuen.   f) Han spurgte dem ikke.   g) Hun hentede børnene fra skolen.   h) De betalte regningen med en check.   i) De kørte bilen på værksted.   j) Hun forskrækkede ham.

7. *Sie planen eine Reise nach Fanø. Untersuchen Sie, welche Verkehrsmittel Sie verwenden können. Schreiben Sie einen kleinen Bericht!*

   a) *Sie fahren mit öffentlichen Verkehrsmitteln.*
   b) *Sie fahren mit privaten Verkehrsmitteln.*

Køreplan for tog

Fredericia		✗ 9.43	✗ 10.15	10.43	✗ 11.43	12.15	12.43	13.43	✗ 14.15	✝ 14.15
Taulov		9.50		10.50	11.50		12.50	13.50		
Kolding		9.59	10.28	10.59	11.59	12.28	12.59	13.59	14.28	14.28
Lunderskov		10.08		11.08	12.08		13.08	14.08		
Vejen		10.17	10.43	11.17	12.17	12.43	13.17	14.17	14.43	14.43
Brørup		10.23		11.23	12.23		13.23	14.23		
Holsted		10.29		11.29	12.29		13.29	14.29		
Gørding		10.35		11.35	12.35		13.35	14.35		
Bramming	O	10.41	10.58	11.41	12.41	12.58	13.41	14.41	14.58	14.58
Ribe } 82	O	11.30	11.30	✗ 12.30	13.30	13.30	Ⓐ 14.30	15.30	15.30	15.30
Tønder	O	12.20	12.20	✗ 13.20	14.20	14.20	Ⓐ 15.20	16.20	16.20	16.20
Bramming		10.42	10.59	11.42	12.42	12.59	13.42	14.42	14.59	14.59
Tjæreborg se også 82		10.48		11.48	12.48		13.48	14.48		
Esbjerg	O	✗ 10.55	✗ 11.09	11.55	✗ 12.55	13.09	13.55	14.55a	✗ 15.09a	✝ 15.09

Fredericia		14.43	15.43	Ⓑ 17.49	Ⓑ 18.15	18.43	Ⓑ 19.43	20.15	20.43
Taulov		14.50	15.50	17.56		18.50	19.50		20.50
Kolding		14.59	15.59	18.05	18.28	18.59	19.59	20.28	20.59
Lunderskov		15.08	16.08	18.14		19.08	20.08		21.08
Vejen		15.17	16.17	18.23	18.43	19.17	20.17	20.43	21.17
Brørup		15.23	16.23	18.29		19.23	20.23		21.23
Holsted		15.29	16.29	18.35		19.29	20.29		21.29
Gørding		15.35	16.35	18.41		19.35	20.35		21.35
Bramming	O	15.41	16.41	18.47	18.58	19.41	20.41	20.58	21.41
Ribe } 82	O	Ⓑ 16.30	17.30	19.30	19.30		21.30	21.30	
Tønder	O	Ⓑ 17.20	18.20	20.20	20.20		22.20	22.20	
Bramming		15.42	16.42	18.48	18.59	19.42	20.42	20.59	21.42
Tjæreborg se også 82		15.48	16.48	18.54		19.48	20.48		21.48
Esbjerg	O	15.55	16.55b	19.01	Ⓑ 19.09a	19.55	Ⓑ 20.55a	21.09	21.55

151

17D

Sejlplan for færge

Fra Esbjerg gyldig til 2. sep 1991 — Sejltid ca 20 minutter

Mandage-lørdage					Montags-Samstags	
0.00	1.00	4.30	5.30	6.00	6.30	7.00
Faste minuttal		00	30			
19.30	20.00	20.30	21.00	21.30	22.00	23.00

Søn- og helligdage					Sonn- und Feiertage	
0.00	1.00	6.00	7.00	8.00	8.30	9.00
Faste minuttal		00	30			
19.30	20.00	20.30	21.00	21.30	22.00	23.00

Fra Nordby gyldig til 2. sep 1991 — Sejltid ca 20 minutter

Mandage-lørdage					Montags-Samstags	
0.30	1.30	5.00	6.00	6.30	7.00	7.30
Faste minuttal		00	30			
20.00	20.30	21.00	21.30	22.00	22.30	23.30

Søn- og helligdage					Sonn- und Feiertage	
0.30	1.30	6.30	7.30	8.30	9.00	9.30
Faste minuttal		00	30			
20.00	20.30	21.00	21.30	22.00	22.30	23.30

1 Kun nat efter fredage
2 29. juni, 6., 13, 20. og 27. juli samt 3. august
3 Kun fredage og lørdage
4 Kun nat efter lørdage

Faste minuttal = Halbstundentakt

Kun nat efter fredage = Nacht Freitag/Samstag

Kun 29. juni, 6., 13., 20. og 27. juli samt 3. august =

Nur 29. Juni, 6., 13., 20., und 27. Juli sowie 4. August

Kun fredage og lørdage = Nur Freitags und Samtags

Kun nat efter lørdage = Nur Nacht Samtags/Sonntag

Plads kan ikke forudreserveres

27

152

18A Text

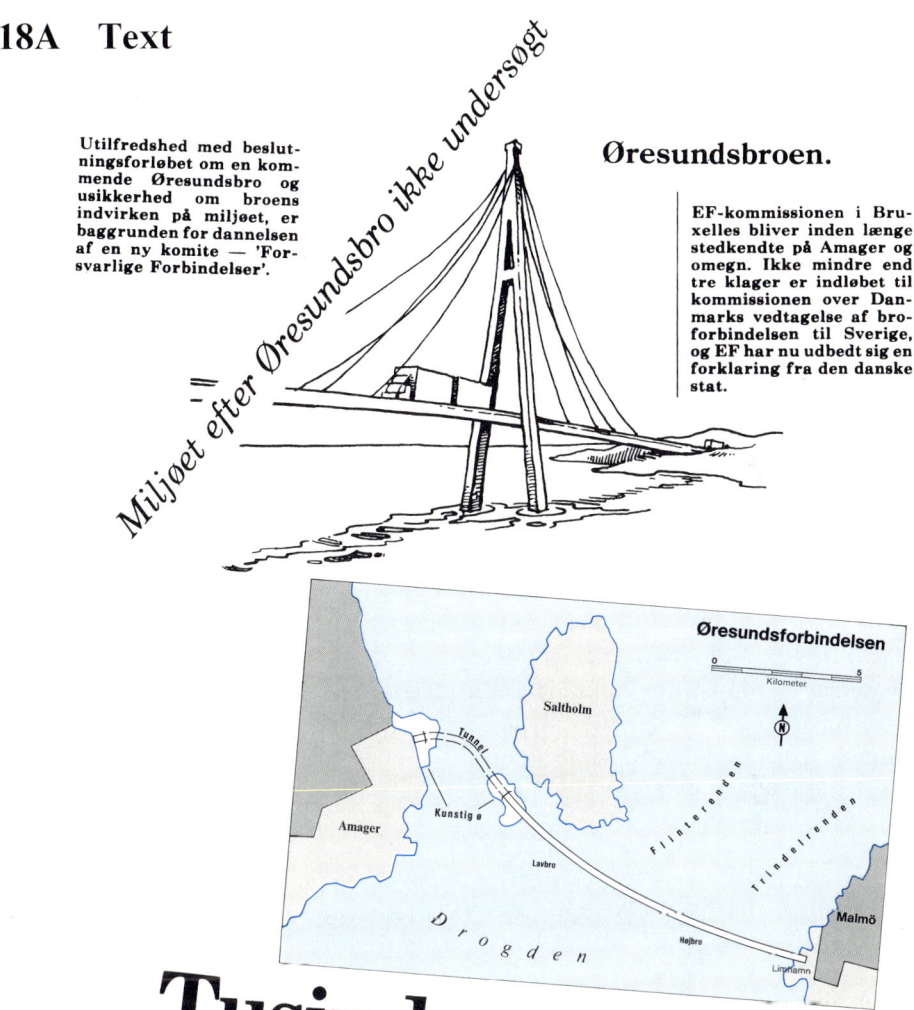

Utilfredshed med beslutningsforløbet om en kommende Øresundsbro og usikkerhed om broens indvirken på miljøet, er baggrunden for dannelsen af en ny komite — 'Forsvarlige Forbindelser'.

Miljøet efter Øresundsbro ikke undersøgt

Øresundsbroen.

EF-kommissionen i Bruxelles bliver inden længe stedkendte på Amager og omegn. Ikke mindre end tre klager er indløbet til kommissionen over Danmarks vedtagelse af broforbindelsen til Sverige, og EF har nu udbedt sig en forklaring fra den danske stat.

Øresundsforbindelsen

Saltholm

Amager

Kunstig ø

Tunnel

Lavbro

Flinterenden

Trindelrenden

Drogden

Højbro

Malmö

Limhamn

Tusinder mod bro

Tunnel til tog

At folk skal køre selv, er der intet økonomisk argument for, intet miljø-argument for, nej, det er dumhed.

1 Danmark, de 400 øers land

Danmark er et ø-rige. Landet består af en halvø, Jylland, og 406 større og mindre øer. 97 øer er beboede. Landet har en meget lang kystlinje på mere end 7400 km.

Når man skal fra den ene ø til den anden, kan man benytte broer eller færger.

Der er mange broer i Danmark, f. eks. over Limfjorden, mellem Jylland og Fyn; også mellem en del af de større øer er der broer, f. eks. mellem Sjælland og Falster, Fyn og Langeland. I Danmark er brobygning et emne, som optager sindene meget: Det opfattes næsten som en nødvendighed at hægte landet sammen med broer.

Det største broprojekt indtil nu er den 18 km lange kombinerede bro og tunnel over Storebælt mellem Fyn og Sjælland. Denne bro, der har været diskuteret siden 1947, vil snart stå færdig.

Fremtidens projekter, der allerede nu diskuteres heftigt, bliver den faste forbindelse mellem Sjælland og Sverige og senere måske en fast forbindelse over Østersøen mellem Lolland og Fehmern.

Når man vil til de mindre øer, skal man sejle med en færge. Derfor ser man ofte skiltet: Til færgehavnen.

Hvis man rejser uden bil, kan man altid komme med færgen. Hvis man skal have bilen med, må man hellere reservere plads i forvejen. Ellers må man vente på færgehavnen, indtil der bliver plads på færgen. Det kan godt tage lang tid, især om sommeren.

2 Benny Andersen: Årstiderne

Vasketøj vajer for vinden.
Småbørn får knopper på kinden.
Piger blir drillet
og fodbold blir spillet
for nu er det sommer i Danmark.

Dagene falder så dystre.
Skolebørn vil ikke lystre.
Tøj blir forældet
og tårer blir fældet
for efterår er det i Danmark.

Skilsmisser. Dødsfald. Romaner.
Hoste og nedfrosne planer.
Næsen blir dryppet
og tuden blir dyppet
for nu er det vinter i Danmark.

Blomster på eng og i potte.
Banket blir mangen en måtte.
Plæner blir sået
og digte forstået
for nu er det forår i Danmark.

1

ø, -en, (-er) ['ø:ˀ] — *Insel*
rige, -t, (-r) ['ʀi:jə] — *Reich*
ørige, -t, (-r) — *Inselreich*
  ['ø:ˀˌʀi:jə]
bestå (U) [be'sdɔ:ˀ] — *bestehen*
halvø, -en (-er) — *Halbinsel*
  ['halv'ø:ˀ]
bebo (1) [be'bo:ˀ] — *bewohnen*
kystlinje, -n, (-r) — *Küstenlinie*
  ['køsdˌlinjə]
benytte (1) [be'nødə] — *benutzen, verwenden*
bro, -en, (-er) ['bʀo:ˀ] — *Brücke*
f. eks. *Abkürzung für* — *z. B.*
  for eksempel
Limfjorden
  ['li:mˌfjo:ˀɐn]
mellem ['mɛlˀəm] — *zwischen*
Fyn ['fy:ˀn] — *Fünen*
Sjælland ['ʂɛˌlanˀ] — *Seeland*
Falster ['falˀsdɐ]
Langeland
  ['laŋəˌlanˀ]
brobygning, -en, (-er) — *Brückenbau*
  ['bʀoˌbygneŋ]
emne, -t, (-r) ['ɛmnə] — *Thema*
optage (U) ['ɔbˌta:ˀ] — hier: *beschäftigen*
sind, -et, (-) ['senˀ] — *Gemüt*

opfatte (1) ['ɔbˌfadə] — *auffassen*
nødvendighed, -en, — *Notwendigkeit*
  (-er)
  [nøð'vɛnˀdiˌheð]
hægte (1) sammen — *verbinden ("zusam-*
  ['hɛgdə 'samˀən] — *menhaken")*
projekt, -et, (-er) — *Projekt*
  [pʀo'ʂɛgd]
kombinere (1) — *kombinieren*
  [kɔmbi'ne:ˀɐ]
tunnel, -en, (er) — *Tunnel*
  [tɔnˀəl]
Storebælt
  ['sdo:ɐˌbɛlˀd]
diskutere (1) — *diskutieren*
  [disgu'te:ˀɐ]
snart ['snɑ:ˀd] — *bald*
fremtid, -en — *Zukunft*
  ['fʀɛmˌti:ˀð]
heftig ['hɛfdi] — *heftig*
fast ['fasd] — *fest*
forbindelse, -n, (-r) — *Verbindung*
  [fɔ'benˀəlsə]
Sverige ['svɛɐˀi] — *Schweden*
Østersøen — *die Ostsee*
  ['øsdɐˌsø:ˀən]
Lolland ['lɔˌlanˀ]

155

sejle (1) ['sajlə]   segeln, auch: *mit der Fähre fahren*
skilt, -et, (-e) ['sgel²d]   *Schild*
færgehavn, -en, (-e)   *Fährhafen*
   ['fɛɐ̯wə̩haw²n]
reservere (1)   *reservieren, bestellen*
   [ʀɛsɛɐ̯'ve:²ɐ̯]
især [i'sɛ:²ɐ̯]   *besonders*
2
vasketøj, -et, (-)   *Wäsche*
   ['vasgə̩tɔj]
vaje (1) ['vajə]   *flattern*
småbørn *Pl.*   *Kleinkinder*
   ['smɔ̩bœɐ̯'n] *Sing.: et lille barn*
knop, -pen, (-per)   *Pickel*
   ['knɔb]
blir (er det samme   *werden*
   som: bliver)
drille (1) ['dʀelə]   *ärgern*
fodbold, -en, (-e)   *Fußball*
   ['foð̩bɔl²d]
for ['fɒɐ̯]   *denn*
falde (U) ['falə]   *fallen*
dyster ['dysdɐ]   *finster, düster*
lystre (1) ['lysdʀə]   *gehorchen*
forældet [fɒ'ɛl²əð]   *veraltet*

tåre, -n, (-r) ['tɔ:ɐ̯]   *Träne*
fælde (1) ['fɛlə]   *fällen*, hier: *vergießen*
skilsmisse, -n, (-r)   *Ehescheidung*
   ['sgel²s̩misə]
dødsfald, -et, (-)   *Todesfall*
   ['døðs̩fal²]
roman, -en, (-er)   *Roman*
   [ʀo'ma:²n]
hoste, -n ['hosdə]   *Husten*
nedfrossen   *eingefroren*
   ['neð̩fʀɔsən]
dryppe (1) ['dʀøbə]   *tropfen*, hier: *tröpfeln*
tud, -en, (-e) ['tu:²ð]   *Schnabel*
   umgangssprachlich
dyppe (1) ['døbə]   *[ein]tauchen*
blomst, -en, (-er)   *Blume*
   ['blɔmsd]
eng, -en, (-e) ['ɛŋ²]   *Wiese*
potte, -n, (-r) ['pɔdə]   *Topf*
banke (1) ['baŋə]   *klopfen*
mangen en ['maŋən   *manch ein(e/er)*
   'e:²n]
måtte, -n, (-r) ['mɔdə]   *Matte*
plæne, -n, (-r) ['plɛnə]   *Rasen*
så (1) ['sɔ:²]   *säen*
digt, -et, (-e) ['degd]   *Gedicht*

18B   Sprachgebrauch — Landeskunde

Zeitangaben der Zukunft

	i morgen	*morgen*
	på torsdag	*am (kommenden) Donnerstag*
	om en halv time	*in einer halben Stunde*
Jeg kommer	næste uge	*nächste Woche*
	snart	*bald*
	om lidt	*bald*
	straks	*sofort*

18C   Grammatik

Zukunft

a) Wie im Deutschen ist es üblich, die Präsensform der Verben über die Zukunft zu verwenden:
Han **kommer** i morgen.

Handelt es sich um einen Übergang zu einem neuen Zustand, kann man **blive** *werden* verwenden:

Broen **bliver** færdig næste år.

b) Wenn es sich um ein geplantes Vorhaben oder Vorkehrungen der Zukunft handelt, verwendet man **skal** + Infinitiv (vergl. **2B3, 5B5**):

Hvad **skal** vi have til middag?

Jeg **skal** mødes med Peter i restauranten.

157

18D Übungen

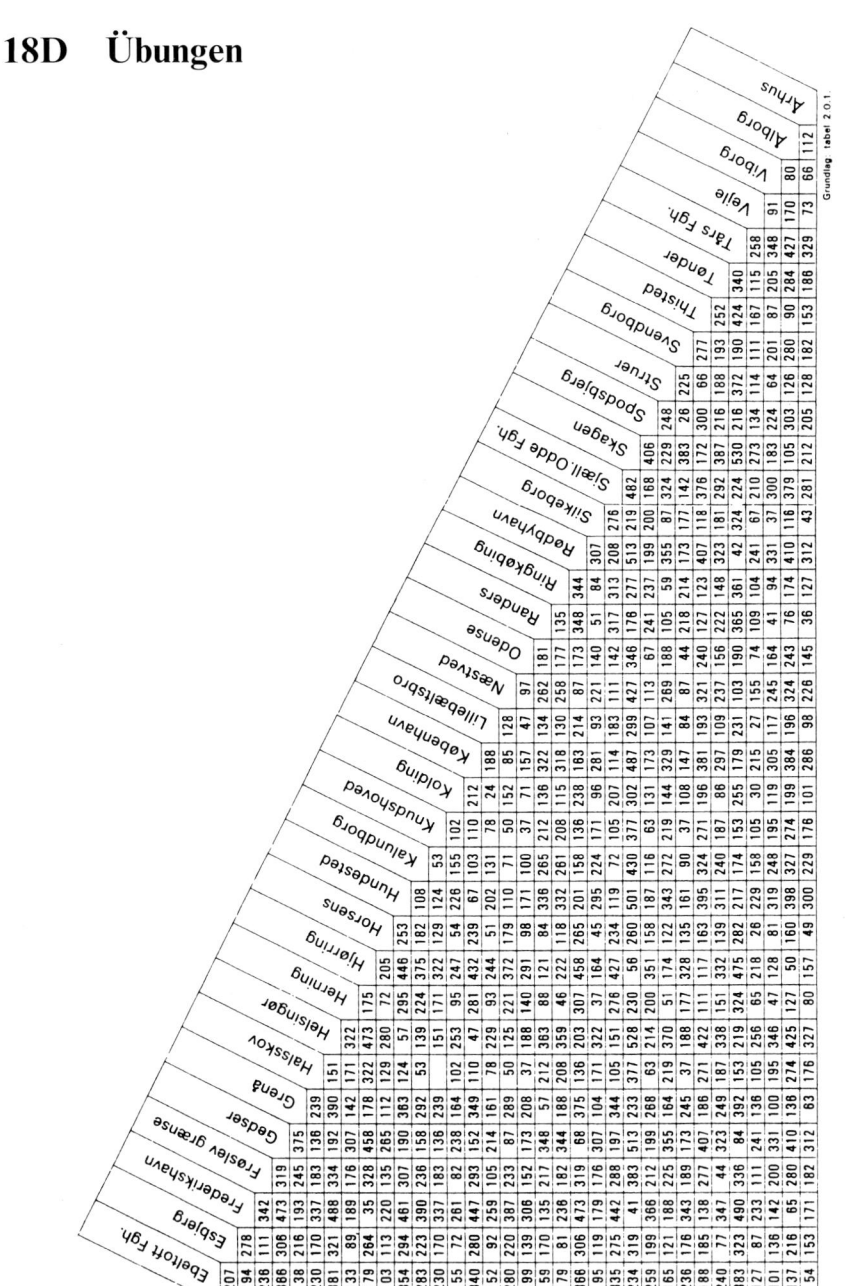

1. *Svar på følgende spørgsmål:*

   Eksempel: Hvor ligger Ålborg? Ålborg ligger i Jylland.
   Hvor ligger Silkeborg? Hvor ligger Roskilde? Hvor ligger Rødby?
   Hvor ligger Odense? Hvor ligger Ribe? Hvor ligger København?
   Eksempel: Hvor ligger Esbjerg? Esbjerg ligger ved Vesterhavet.
   Hvor ligger Frederikshavn? Hvor ligger Grenå? Hvor ligger Helsingør?
   Eksempel: Hvor langt er der fra Frøslev til Frederikshavn? Der er 342 km fra
   Frøslev til Frederikshavn.
   Hvor langt er der fra Esbjerg til København? Fra Helsingør til Odense? Fra
   Ringkøbing til Herning? Fra Næstved til Frederikshavn? Fra Rødbyhavn til
   København? Fra Tønder til Skagen?
   Eksempel: Hvor ligger Silkeborg? Silkeborg ligger mellem Århus og Herning.
   Hvor ligger Viborg? Hvor ligger Ringsted? Hvor ligger Fredericia?
   Lav selv flere spørgsmål og svar!

2. *Sie planen einen Ferientag. Für den Gruppenunterricht: Spielen Sie einen Dialog mit
   verteilten Rollen! Für Selbstlerner: Schreiben Sie einen Dialog!*

   Hvad skal vi lave? (*vergl.* **5C** *und* **10C2**)
   Verwenden Sie **skal** *bei Vorschlägen, Plänen, Aufforderungen,* **vil,** *wenn Sie nach
   den Wünschen fragen,* **gider/har lyst til at** *wenn Sie fragen, ob er/sie zu etwas Lust
   hat.*

A	B
Jeg har lyst til at tage en tur til stranden i morgen. Har du også lyst til det? ⟶	Ja, .../Nej, ... Jeg vil hellere . . . . .

3. *Skriv op, hvad du skal lave i morgen!*

4. *Setzen Sie das richtige Personalpronomen ein:*

   a) Mads legede med (hans, sine) . . . . . kammerater.   b) Jensen kiggede i (hans,
   sin) . . . . . avis.   c) Søren og Birte flyttede ind i (sit, deres) . . . . . nye hus.   d) Min
   bror og (jeg, mig) . . . . . har spist til middag sammen.   e) Han tænkte ikke på
   (hans, sin) . . . . . familie, når han var på arbejde.   f) Birte reparerede (hendes, sin)
   . . . . . cykel.   g) Han kørte (hans, sin) . . . . . bil på værksted.   h) Selvom (*ob-
   wohl*) det var første gang, Niels mødte (han, ham) . . . . ., så spurgte Niels, om
   (han, ham) . . . . . ikke havde lyst til at gå med hjem og få en kop kaffe.

5. *Øvelse med større end/mindre end:*
   Vergleichen Sie die Größe der dänischen Inseln. Verwenden Sie **større end/mindre
   end:**

   Sjælland og Bornholm, Fyn og Møn, Langeland og Sjælland, Ærø og Lolland,
   Samsø og Anholt, Læsø og Fyn, Bornholm og Rømø, Fanø og Langeland.

6. *Dialogøvelse*:

Nye ord: afgang, -en, (−) *Abfahrt*, billet, -ten, (-ter) *Fahrkarte*
Du ringer til DSB (De danske Statsbaner) og bestiller plads på færgen fra
Kalundborg til Samsø (se også **13D7**):

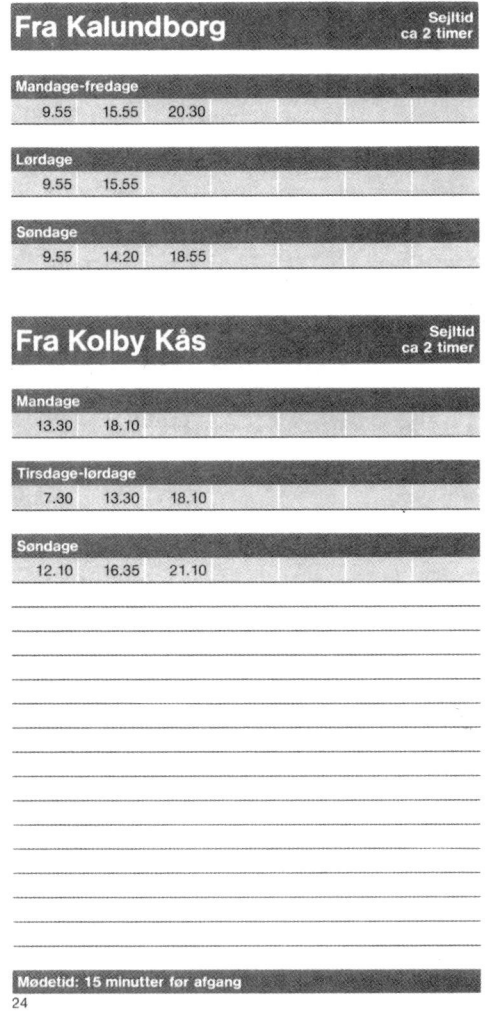

Fra Kalundborg
Sejltid ca 2 timer

Mandage-fredage

| 9.55 | 15.55 | 20.30 |

Lørdage

| 9.55 | 15.55 |

Søndage

| 9.55 | 14.20 | 18.55 |

Fra Kolby Kås
Sejltid ca 2 timer

Mandage

| 13.30 | 18.10 |

Tirsdage-lørdage

| 7.30 | 13.30 | 18.10 |

Søndage

| 12.10 | 16.35 | 21.10 |

Mødetid: 15 minutter før afgang

24

Kalundborg-Samsø
Priser gældende pr 2. juni 1991

Gælder/inklusive		Længde	→	⇄
🚗 + 🚍 / 🚐 + 👥👥👥👥		Indtil 6 m	265,-	530,-
		Over 6 m	530,-	1060,-
🧍 i biler	Børn 0-3 år gratis, 4-11 år ½ pris		40,-	80,-
🧍	Børn 0-3 år gratis, 4-11 år ½ pris		56,-	112,-

Grå billet

Gælder	Inkl	Længde	Gyldig	→
🚗	🧍	Indtil 6 m	Man-tors på alle afgange	225,-

1-dagsbillet (Gælder 3. juni - 19. september)

Gælder	Inklusive	Længde	Gyldig	⇄
🚗	👥👥👥	Indtil 6 m	Mandag-torsdag	400,-

10-turskort

Gælder	Inkl	Længde	Antal rejser	Gyldig	→
🚗	🧍	Indtil 6 m	10 enkelt	1 år	1580,-

Kolby Kås - Kalundborg + Rødby F - Puttgarden

Gælder	Inklusive	Længde	Højde	⇄
🚗	👥👥👥	Indtil 6 m	Max 1,95 m	1015,-

Kalundborg-Kolby Kås + Sælvig-Hou + Knudshoved-Halsskov

Gælder	Inklusive	Højde	Længde	→
🚗	👥👥👥	Max 1,90 m	Indtil 6 m	670,-

Puttgarden-Rødby F + Kalundborg-Kolby Kås ⫽ Sælvig-Hou

Gælder/inkl	Længde/højde	Periode	→
🚗 + 🚍 🚐 + 👥👥👥	Længde indtil 6 m Højde max 1,90 m	2. juni - 19. juni	685,-
		20. juni - 18. aug	730,-
		19. aug - 31. aug	685,-
		1. sep - 28. sep	625,-

Busser over 8 m samt motorcykler, knallerter og cykler

Gælder		→	⇄	Gælder	Inkl	→	⇄
🚌	Pr. person	42,-	84,-	🚲		20,-	—
	Mindstepris	1050,-	2100,-	🏍🚲		40,-	—
	Max pris	2520,-	5040,-	🏍	🧍	75,-	150,-
	Tom	840,-	—	🏍	👫	105,-	210,-

1 2.-19. juni og 19.-31. aug: kr 925,-. 1.-28. sep: kr 820,-

Gælder også varebiler der er indregistreret som personbil.
For andre varebiler gælder særlige regler.

Der tages forbehold overfor ændringer

25

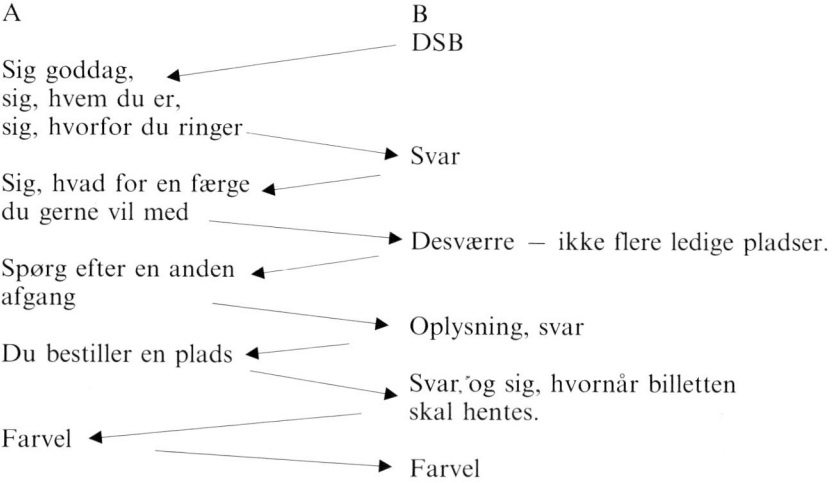

A

Sig goddag,
sig, hvem du er,
sig, hvorfor du ringer

Sig, hvad for en færge
du gerne vil med

Spørg efter en anden
afgang

Du bestiller en plads

Farvel

B
DSB

Svar

Desværre — ikke flere ledige pladser.

Oplysning, svar

Svar, og sig, hvornår billetten
skal hentes.

Farvel

19A

19A Text

1 Peters uheld

Maria og Peter nød deres ferie på Mols: De cyklede lange ture i den dejlige natur, gik ture langs med stranden, svømmede og spillede tennis.

Men en dag var Peter meget uheldig. Da han skulle ud at svømme, kom han til at træde på en skarp sten og skar sig i foden. Det blødte stærkt. Maria bandt et håndklæde om hans fod og sagde til Peter, at de hellere måtte køre til nærmeste læge.

Inde i venteværelset sad der fem patienter og ventede. Peter tænkte: „Det tager nok lang tid, før det bliver min tur." Lidt senere spurgte en ældre dame: „Hvad fejler du? Er du kommet til skade med din fod?" „Ja," sagde Peter, „Jeg har skåret mig i foden. Jeg kom til at træde på en skarp sten nede på stranden." — „Sig til lægesekretæren, at du er kommet til skade med foden. Så kommer du sikkert ind med det samme. Vi andre kan jo vente, ikke sandt?" sagde kvinden til de andre patienter, der nikkede, men et par så lidt sure ud.

Lægen sagde, at han blev nødt til at sy flængen i foden. Det gjorde meget ondt. Men først fik Peter en indsprøjtning, som bedøvede foden, og til sidst en indsprøjtning mod stivkrampe. Nu kunne Peter kun hoppe på et ben, og lægen sagde, at han skulle holde foden i ro et par dage.

Til sidst skrev lægen en recept på nogle tabletter mod smerter, som Peter kunne hente henne på apoteket. De næste dage måtte Maria og Peter blive hjemme i sommerhuset. De fik tiden til at gå med at spille kort og læse bøger, som de lånte på biblioteket. Peter havde stadig lidt ondt i foden, men et par dage senere var smerterne borte.

2 En anden slags øvelse

Gymnastik

I skal op at stå. Stå med god balance mellem fødderne, helt almindeligt og afslappet. Armene er tunge. Start med at trække skuldrene opefter, helt op til ørene. Træk vejret. Træk skulderbladene sammen omme på ryggen, helt tæt sammen — og kør ned med de samlede skuldre — helt ned — og slip!

Igen : Træk skuldrene opefter, men hænderne er tunge, armene er tunge. Træk skulderbladene sammen og kør så nedefter — og giv slip! Igen : Træk opefter, træk vejret ned i maven, og træk så skulderbladene sammen — kør nedefter — og slip! Træk så skulderbladene sammen hernede. Hold dem nu samlede og løft opefter. Slip så mellem skulderbladene og bliv bred over ryggen, men skuldrene bliver heroppe! Armene er helt tunge. Så sænk skuldrene roligt ned — helt ned! Igen : Træk skulderbladene sammen, kør opefter og giv slip, men bliv heroppe. Bliv bred over ryggen, og sænk skuldrene roligt ned!

1

uheld, -et, (—) ['u‚hɛl²]	*Unfall*
nyde (U) ['ny:ðə]	*genießen*
langs med ['lɑŋ²s 'mɛ]	*an . . . . . entlang*
svømme (1) ['svømə]	*schwimmen*
tennis, -en ['tɛnis]	*Tennis*
være uheldig [u'hɛl²di]	*Pech haben*
ud at svømme ['uð ɔ 'svømə]	*schwimmen gehen*
komme til at (U) [kɔmə 'te ɔ/ad]	*zufällig/unabsichtlich etwas tun*
træde (U) ['tʁɛ:ðə]	*treten*
skarp ['sgɑʁb]	*scharf*
sten, -en, (—/-e) ['sde:²n]	*Stein*
skære sig (U) ['sgɛːʁ ‚saj]	*sich schneiden*
fod, -en, (fødder) ['fo:²ð]	*Fuß*
bløde (2) ['bløːðə]	*bluten*
binde (U) ['benə]	*binden*
håndklæde, -t, (-r) ['hɔn‚klɛːðə]	*Handtuch*
om ['ɔm]	*um*
læge, -n, (-r) ['lɛːjə]	*Arzt*
inde i ['enə i]	*in (+ Dativ)*
venteværelse, -t, (-r) ['vɛndə‚vɛʁalsə]	*Wartezimmer*
patient, -en, (-er) [pa'sɛn²d]	*Patient*
(min) tur ['tuːʁ]	*an der Reihe, dran sein*
dame, -n, (-r) ['da:mə]	*Dame*
fejle (1) ['fajlə]	*fehlen*
hvad fejler du?	*was fehlt dir?/was hast du?*
komme til skade (U) [kɔm te 'sga:ðə]	*sich verletzen*
nede på ['ne:ðə pɔ]	*auf (+ Dativ)*
lægesekretær, -en, (-er) ['lɛːjəsegʁə'tɛːʁ]	*Sprechstundenhilfe*
komme ind (U) [kɔmə 'en²]	*hereinkommen*
ikke sandt? ['egə 'san²d]	*nicht wahr?*
nikke (1) ['negə]	*nicken*
blive nødt til (U) ['bliːɔ 'nø:²d te]	*müssen*
sy (1) [sy:²]	*nähen*
flænge, -en, (-r) ['flɛŋə]	*Riß, Schnitt*
gøre ondt (U) [gøːʁ 'ɔn²d]	*weh tun*
indsprøjtning, -en, (-er) ['en‚sbʁɔj²dnɛŋ]	*Injektion*
bedøve (1) [be'døː²və]	*betäuben*
mod ['mo:²ð]	*gegen*
stivkrampe, -n, (-r) ['sdiw‚kʁɑmbə]	*Wundstarrkrampf*
hoppe (1) ['hɔbə]	*hüpfen*
ben, -et, (—) ['be:²n]	*Bein*
holde i ro (U) ['hɔlə i 'ʁo:²]	*ruhig halten*

recept, -en, (-er) ['ʀɛ'sɛbd]	*Rezept*	starte (1) ['sdaɐ̯də]	*starten*
tablet, -ten, (-ter) [tab'lɛd]	*Tablette*	trække (U) ['tʀɛɡə]	*ziehen*
smerte, -n, (-r) ['smɛɐ̯də]	*Schmerz*	skulder, -en, (skuldre) ['sgulɐ̯]	*Schulter*
apotek, -et, (-er) [abo'teːˀɡ]	*Apotheke*	opefter ['ɔbˌɛfdɐ̯] vergl. **9A**	*nach oben*
få tiden til at gå [fɔ 'tiːˀðən te ɔ 'ɡɔːˀ]	*sich die Zeit vertreiben*	øre, -t, (øren/ører) ['øːɐ̯]	*Ohr*
kort, -et, (—) ['kɒɐ̯d]	*Karte*, hier: *Spielkarte*	trække (U) vejret ['tʀɛɡə 'vɛːˀɐ̯ð]	*atmen*
spille (1) kort [spelə 'kɒɐ̯d]	*Karten spielen*	trække (U) sammen ['tʀɛɡə 'samˀn]	*zusammenziehen*
bog, -en, (bøger) ['bɔːˀw]	*Buch*	skulderblad, -et, (-e) ['sgulɐ̯ˌblað]	*Schulterblatt*
låne (2) ['lɔːnə]	*leihen*	omme ['ɔmə] *nicht übersetzbare Ortsangabe siehe* **19C**	
bibliotek, -et, (-er) [biblio'teːˀɡ]	*Bücherei*		
stadig ['sdaːði]	*immer noch*	ryg, -gen, (-ge) ['ʀøɡˀ]	*Rücken*
have (U) ondt i	*Schmerzen haben in*	tæt ['tɛd]	*dicht*
borte ['bɒɐ̯də] 2	*fort, weg, hin*	køre (ned/op) (2) ['køːɐ̯]	hier: *nach oben/unten bewegen*
øvelse, -n, (-r) ['øːvəlˌsə]	*Übung*	samlet ['samləð]	*gesammelt*, hier: *zusammengezogen*
gymnastik, -ken [gymna'sdiɡ]	*Gymnastik*	slippe (U) ['slebə]	*loslassen*
op at stå (U) [ɔb ɔ 'sdɔːˀ]	*aufstehen*	hånd, -en, (hænder) ['hɔnˀ]	*Hand*
balance, -n [ba'laŋsə]	*Gleichgewicht*	nedefter ['neðˌɛfdɐ̯]	*nach unten*
afslappet ['awˌslabəð]	*entspannt*	give (U) slip [gi 'sleb]	*loslassen*
arm, -en, (-e) ['ɑːˀm]	*Arm*	mave, -n, (-r) ['maːvə]	*Bauch, Magen*
tung ['tɔŋˀ]	*schwer*	hernede [hɛɐ̯'neðə]	*(hier) unten*
		bred ['bʀɛðˀ]	*breit*
		heroppe [hɛɐ̯'ɔbə]	*(hier) oben*
		sænke (1) ['sɛŋɡə]	*senken*
		rolig ['ʀoːˌli]	*ruhig*

19B Sprachgebrauch — Landeskunde

1. Bezeichnungen für Frauen — kvinde, dame, fru, frue, kone, hustru

Für Frauen gibt es eine Vielzahl von Bezeichnungen:
kvinde: allgemein verwendbar für eine Frau
dame: Dame
fru Jensen: normale Anrede, wenn Anrede mit Familiennamen, aber ohne Vorname verwendet wird
frue: verheiratete Frau, als Anrede etwas veraltet
kone: Ehefrau
hustru: Gattin
(Die Bezeichnung **frøken** *Fräulein* wird kaum mehr verwendet.)

2. Der Körper — Kroppen

Einige Bezeichnungen der Körperteile haben unregelmäßige Pluralformen (siehe auch **3C3, 6C1**):

tå ['tɔːˀ]	tåen	**tæer**	*Zeh*
hånd ['hɔnˀ]	hånden	**hænder**	*Hand*
finger ['feŋˀɐ]	fingeren	**fingre**	*Finger*
øre ['øːɐ]	øret	**øren/ører**	*Ohr*
tand ['tanˀ]	tanden	**tænder**	*Zahn*
øje ['ɔjə]	øjet	**øjne**	*Auge*

3. Hvad fejler du?

Jeg har ondt i armen/foden/ryggen . . . . .
Jeg har hovedpine/tandpine/mavepine/ørepine. (-*schmerzen*)
Jeg er forkølet.

Jeg har feber.   *Fieber*
Jeg har influenza.   *Grippe*

Jeg er sund. *gesund*   Jeg er syg.   *krank*
Jeg er rask.   Jeg er sløj.   *unpäßlich*
Jeg har det godt.   Jeg har det dårligt.

4. Ambulance 112

Alarm kald: 112
– og bliv ved telefonen, indtil meldingen er
afgivet. Opgiv navn, adresse og hvilket
telefonnummer, De taler fra!

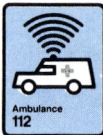  

Ambulance   Politi   Brand

19C   Grammatik

Lokaladverbien

Im Deutschen wird bei einigen Präpositionen (wie z. B. an, auf, hinter, in usw.) durch die Wahl des Kasus zum Ausdruck gebracht, ob es sich um eine Bewegung handelt oder nicht: Peter geht **in das** Wartezimmer. Oder: Peter sitzt **im** Wartezimmer.
Da die dänischen Substantive bis auf den Genitiv keine Kasusunterschiede kennen, wird durch die Wahl der Lokaladverbien („dynamische" oder „statische") zum Ausdruck gebracht, ob es sich um eine Bewegung handelt oder nicht:
Peter går **ind** i venteværelset. Peter sidder **inde** i venteværelset.

„dynamisch"	„statisch"
Peter går **ud** at svømme.	Peter er **ude** at svømme.
Peter går **ned** på stranden.	Peter er **nede** på stranden.
Peter kører **hen** til lægen.	Peter er **henne** hos lægen.
Peter går **ind** i venteværelset.	Peter sidder **inde** i venteværelset.
De kører **hjem** til sommerhuset.	De bliver **hjemme** i sommerhuset.
Maria går **op** ad trappen.	Katten ligger **oppe** på bordet.
Han er løbet **bort.**	Jeg bliver **borte** i flere dage.
Tag hånden **om** på ryggen.	Træk skuldrene sammen **omme** på ryggen.

Beachten Sie bitte auch die Konsonantenverdoppelung (vergl. **3C2, Anm. 2**)!

19D Übungen

1. *I venteværelset*

   Hvad fejler de?
   Beschreiben Sie die Krankheiten der 6 Patienten im Wartezimmer!

2. *Indsæt præteritumsformen af følgende verber:*

   besøge, spørge, fortælle, er, skal, komme, få, køre, få, gør, er
   a) Birte . . . . . Maria og Peter i sommerhuset, og Birte . . . . . Peter: Hvad er der
   sket (*geschehen*) med din fod, Peter? b) Peter . . . . . : Jeg . . . . . meget uheldig. Da
   jeg . . . . . ud at svømme for et par dage siden, ... jeg til at træde på en skarp
   sten. Jeg . . . . . en dyb flænge i foden. Så . . . . . Maria mig til lægen, og så . . . . . jeg
   flængen syet sammen igen. c) Birte: . . . . . det ikke meget ondt? d) Peter: Nå,
   nej. Det . . . . . ikke så slemt. Maria: Nej, ikke mere!

3. *Finden Sie die passende Antwort zu der jeweiligen Frage:*

   Spørgsmål

   — Gjorde det meget ondt?

   — Hvordan har du det?

   Svar

   — Jeg har hovedpine.

   — Jeg skar mig i hånden med en kniv.

– Hvad fejler du?	– Tak, jeg har det godt.
– Hvad skete der med din hånd?	– Tak. Det går ikke særlig godt, jeg har influenza.
– Er du kommet til skade med din finger?	– Det går ikke så godt. Hun er meget forkølet.
– Hvordan går det?	– Nej, jeg er stadig lidt sløj.
– Hvordan går det med Maria?	– Ja, jeg vil gerne have nogle tabletter mod smerter.
– Har du stærke smerter?	– Nej, det var ikke så slemt.
– Er du blevet rask igen?	– Ja, jeg har skåret mig i fingeren.

4. *Indsæt den rigtige form af adverbiet*:

op/oppe   Det var søndag morgen. Maria var tidligt . . . . .
hen/henne   Hun gik . . . . . til bageren for at hente rundstykker
ind/inde   (*Brötchen*) til morgenkaffen. Da hun ville gå . . . . . i bagerforret-
                ningen mødte hun en dame, som hun
ned/nede   kendte . . . . . fra stranden. Mens de ventede
ind/inde   . . . . . i bagerforretningen, snakkede de sammen. „Nå,"
ud/ude   sagde Maria, da de kom . . . . . igen. „Jeg skal"
hjem/hjemme skynde mig . . . . . . Peter venter på rundstykkerne,
op/oppe   han er sikkert stået . . . . . „Hov," sagde damen, „du
ind/inde   glemte (*hast . . . vergessen*) din søndagsavis . . . . . hos bageren." –
ned/nede   „Nej, den ligger . . . . . i min taske; men mine
bort/borte   solbriller (*Sonnenbrille*) er . . . . ."

5. *Indsæt* **at** *eller* **om**:
Indirekte Rede wird im Dänischen in Aussagen mit **at** (*daß*) eingeleitet, in Fragen mit **om** (*ob*).

a) Søren siger, ... han har ondt i halsen. b) Lægen spørger, ... det gør ondt, når han spiser. c) Søren svarer, ... det gør det. d) Lægen kigger efter, ... hans hals er rød. e) Lægen spørger, ... Søren også har feber. f) Søren svarer, ... han ikke har målt (*gemessen*) sin temperatur. g) Lægen spørger, ... han har ondt andre steder. h) Søren siger, ... han også har hovedpine. i) Lægen siger, ... Søren har influenza, og . . . . . han bare skal holde sig i ro et par dage. j) Søren spørger, ... han ikke kan få noget medicin (*Medizin*). k) Lægen siger, ... han bare skal tage en hovedpinetablet.

6. *Umschreiben Sie folgende Sätze, so daß der zweite Satz in die indirekte Rede umgesetzt wird.*

   Achten Sie auf — *die richtige Stellung der Satzglieder,*

   — *das richtige Pronomen,*

   — *die richtige Verbform im Nebensatz.*

Muster: Peter spurgte: Skal vi gå ud at svømme? →

   —   —   , om de skulle gå ud at svømme.

Maria sagde: Det bløder meget. →

Maria sagde: Vi må hellere køre til en læge. →

Kvinden spurgte Peter: Er du kommet til skade? →

Lægesekretæren spurgte Peter: Har du smerter? →

Kvinden sagde: Vi kan vente. →

Lægen sagde: Jeg bliver nødt til at sy flængen. →

Lægen sagde til Peter: Du skal holde foden i ro. →

20A Text

Postkassen

Mens Peter havde en dårlig fod, brugte Maria og Peter tiden til at skrive postkort til familie og venner. Maria cyklede af sted for at lægge kortene i postkassen, men kom i tanke om, at hun ikke vidste, hvor der var en postkasse henne.

„Skidt med det!" tænkte hun. „Det kan da ikke være så svært at finde sådan en rød kasse."

Men hun fandt ikke nogen, så til sidst spurgte hun en ældre mand, som hun mødte undervejs: „Undskyld! Jeg leder efter en postkasse. Kan De sige mig, hvor der er en henne?" — „Nej, jeg er her kun på besøg. Jeg er ikke stedkendt." — „Nå, så spørger jeg en anden. Tak skal De have!" — „Ingen årsag!"

Derefter mødte hun en lille dreng, der cyklede af sted i fuld fart. „Hej", råbte Maria til ham, „ved du, hvor der er en postkasse henne?" — „Ja, henne på Karens hus." — „Hvor bor Karen?" ville Maria vide. „Karen? Hun bor da henne i byen i det hvide hus ved siden af bageren." — „Bageren i det gule hus? Er det ham, du mener?" — „Nej," sagde drengen, „det er ikke ham, jeg mener. Jeg mener ham med den blå bagerbil." — „Nå, og hvor bor han så henne? — „Han bor ved siden af Karen. Det har jeg jo sagt. Karen er nemlig min dagplejemor." „Kan du så ikke forklare mig vejen hen til Karen?" bad Maria. — „Jo, du skal bare køre ligeud, og så skal du dreje. Men jeg ved ikke, om du skal dreje til højre eller venstre; for jeg kan nemlig ikke kende forskel på højre og venstre endnu. Og nu har jeg ikke tid til at stå og snakke med dig mere. Hej!"

Så kørte drengen, og Maria besluttede sig til at finde bageren med den blå bil.

postkasse, -n, (-r) *Briefkasten*
['pɔsdˌkasə]
postkort, -et, (-) *Postkarte*
['pɔsdˌkɒɐd]
lægge (U) ['lɛɡə] *legen,*
        hier: *einwerfen*
komme i tanke om *darauf kommen*
  (U) ['kɔmə i 'taŋɡə
  ˌɔm]
skidt med det! ['sgid *egal*
  ˌmɛ ˌde]
sådan en/et ['sɔdan *so ein(e/er)*
  eːˀn/ed]
lede efter (2) ['leːðə *suchen*
  ɛfdɐ]
besøg, -et, (-) *Besuch*
  [be'søːˀj]
stedkendt *ortskundig*
  ['stɛðˌkɛnˀd]
jeg er ikke stedkendt *ich kenne mich hier*
        nicht aus

årsag, -en, (-er) *Ursache*
  ['ɒːˌsaːˀj]
ingen årsag! ['eŋən *gern geschehen*
  'ɒːsaːˀj]
i fuld fart [i 'fulˀ faːˀd] *in voller Fahrt*
bagerbil, -en, (-er) *Bäckerauto*
  ['baːjɐˌbiːˀl]
dagplejemor, -en, *Tagesmutter*
  (-mødre)
  ['dawplajəˌmoːɐ]
forklare (1) *erklären*
  [fɒ'klɑːˀɐ]
vej, -en, (-e) ['vajˀ] *Weg*
ligeud ['liːəˀuðˀ] *geradeaus*
dreje (1) ['dʁajə] *drehen, abbiegen*
forskel, -len, (-le) *Unterschied*
  ['fɒˌsgɛlˀ]
kende (2) forskel på *unterscheiden*

20B Sprachgebrauch — Landeskunde

Post

et posthus *Postamt*
en postkasse *Briefkasten*
Postkassen tømmes næste gang kl 18 *Nächste Leerung 18 Uhr*
et brev *Brief*
et postkort *Postkarte*
et frimærke *Briefmarke*
en pakke *Paket*
et girokort *Zahlkarte (für Empfänger mit Postgiro)*
en postanvisning *Postanweisung*
et postnummer *Postleitzahl*
en adresse *Anschrift*
et postbud *Briefträger, Postbeamter*
en konvolut *Briefumschlag*

171

20C Grammatik

1. Verben, die man sich besonders merken sollte

Wie im Deutschen gibt es Verb-Paare:
ligge, lægge:

Peter er syg, han **ligger** i sengen.	*liegt*
Hun **lægger** bogen på bordet.	*legt*
Hun **lægger sig** på sofaen.	*legt sich*

sidde, sætte:

Han **sidder** i lænestolen.	*sitzt*
Han **sætter** kopperne på bordet.	*setzt, stellt*
Hun **sætter sig** på sofaen.	*setzt sich*

Beachten Sie aber die unregelmäßige Beugung

Infinitiv	*Präsens*	*Präteritum*	*Perfekt*
ligge	ligger	lå	har ligget
lægge	lægger	lagde	har lagt
sidde	sidder	sad	har siddet
sætte	sætter	satte	har sat

2. Pronomen als Prädikatsnomen

Ein Pronomen, das als Prädikatsnomen verwendet wird (unter **S** im Satzschema), steht immer in der Objektform. (Vergl. Englisch: It is **me.** Das Deutsche hat hier Nominativ):

Hvis jeg var **dig** . . . . . (wörtlich: *Wenn ich dich wäre.*)
Godt det ikke er **mig**! (wörtlich: *Gut, daß es nicht mich ist.*)
Det er **dig**, der har spist min mad. (wörtlich: *Es ist dich, der mein Essen gegessen hat.*)
Er det **ham**, du mener? (wörtlich: *Ist es ihn, du meinst?*)

3. Satzspaltung

Eine besondere Weise, ein Satzglied hervorzuheben, stellt die Satzspaltung dar: Das Satzglied, das man hervorheben will, wird in einem eigenen Satz vorangestellt, der mit „det er/var/har været" oder „det bliver/blev" eingeleitet wird. Danach folgt ein Nebensatz:

Jeg mente ikke **ham**. → Det var ikke **ham**, (som) jeg mente.
Hun ledte efter **en postkasse**. → Det var **en postkasse**, (som) hun ledte efter.
Mads købte ikke **en cykel**, (men en knallert) → Det var ikke **en cykel**, (som) Mads købte.

4. Satzspaltung in Fragesätzen

Auch in Fragesätzen kommt die Satzspaltung häufig vor:

Hvem går nede på stranden? → **Hvem** er det, der går nede på stranden?
Hvad skete der hos bageren? → **Hvad** var det, der skete hos bageren?
Hvad for en farve har din bil? → **Hvad** er det **for en farve**, din bil har?
Hvor skal I hen på ferie? → **Hvor** er det, I skal hen på ferie?
Hvornår kom de? → **Hvornår** var det, (at) de kom?
Hvordan monterer du komponenterne? → **Hvordan** er det, du monterer komponenterne?
Kom de **i går?** → Var det **i går**, (at) de kom?

Besonders in der gesprochenen Sprache taucht die Satzspaltung häufig auf, weil es ja sonst wenige Variationsmöglichkeiten im Satzbau gibt.

20D   Übungen

1. Puslespil: *Ordnen Sie die Sätze in die richtige Reihenfolge*:
   Hun skriver adresse på konvolutten.
   Postbudet bringer brevet ud.
   Postbudet tømmer postkassen kl. 18.
   Hun sætter et frimærke på brevet.
   På postkontoret sorteres brevene.
   Maria lægger brevet i postkassen.
   Maria skriver et brev til Birte.
   Fra posthuset går brevet videre med bil, tog eller fly.

2. *Setzen Sie das passende Pronomen in der richtigen Form ein*:
   Maria skriver brev til Birte og Søren:

   Femmøller, d. 7. 8. . .

   Kære Birte og Søren!
   . . . . . skriver til . . . . . for at fortælle . . . . . om, hvordan . . . . . ferie er gået indtil nu.
   Det første uheld havde . . . . . allerede undervejs. . . . . bil begyndte at larme, og det viste sig, at . . . . . havde hul i lydpotten. . . . . . fik hurtigt bilen repareret, men det var dyrt.
   Den første uge gik alt fint: Vejret var godt, og . . . . . synes godt om stedet her og om huset. Men så havde Peter et uheld: . . . . . skar . . . . . i foden på en sten og måtte til læge for at få foden syet sammen igen. Det skete for to dage siden, og Peter har stadig ondt i . . . . . fod.

   Mange kærlige hilsener
til . . . . . alle fra
Maria

Birte skriver til Maria og Peter:

Ålborg, d. 9. 8. ...

Kære Maria og Peter!

Det var kedeligt, at . . . . . og Peter har haft et par små uheld i . . . . . ferie!
. . . . . håber, at . . . . . alligevel nyder ferien, det fine sommervejr og den dejlige
natur på Mols.
. . . . . holder ferie her hjemme: Der er mange ting, der skal laves i haven. Når det
er fint vejr, cykler Søren og . . . . . en tur til stranden. Jakob er på ferie med
interrail; . . . . . fik et kort fra . . . . . fra Portugal for et par dage siden. Sanne er på
spejderlejr (*Pfadfinderzeltlager*) med . . . . . kammerater, og Morten har et ferie-
job hos en gartner (*Gärtner*).
Besøg . . . . . , når . . . . . får tid! . . . . . er altid velkomne her hos . . . . . . Men ring
hellere til . . . . . dagen før, så . . . . . er hjemme, når . . . . . kommer!

Kærlige hilsener til . . . . . begge
fra Birte

3. *Indsæt* **ligge**, **lægge** *eller* **lægge sig**:

a) Da Maria kom hjem, ... Peter endnu i sengen. b) „ . . . . . du stadig der?"
spurgte Maria. c) Peter svarede: „Jeg har . . . . . mig lidt igen, fordi jeg har ondt i
foden." d) Maria sagde: „Jeg kan ikke finde mine solbriller, ... de måske her
hjemme?" — e) „De . . . . . der, hvor du har . . . . . dem! Du lader altid bare dine
ting . . . . . Måske har du . . . . . dem fra dig henne hos bageren," sagde Peter.
— f) „Ja, måske," sagde Maria, „jeg går hen til bageren for at se, om de stadig
. . . . . der."

Indsæt **sidde, sætte** *eller* **sætte sig**:

a) Birte og Søren har købt en ny lænestol. „Den er meget god at . . . . . i," siger
Birte. „Men jeg ved ikke, hvor vi skal . . . . . den hen? — b) „Jeg synes, vi skal
. . . . . den foran fjernsynet. Så kan jeg . . . . . i den, når jeg ser fodbold i fjernsynet,"
siger Søren. — c) „Nej, det er en dårlig ide," mener Birte, „Jeg synes, den skal stå
her ved vinduet. Kom her! . . . . ned og kig ud i haven!" d) Søren:
„Godt, som du vil!"

4. B *hat die folgenden Sätze nicht verstanden. Deshalb fragt* B *nach. Schreiben Sie die
Fragen nach dem folgenden Muster*:

A: Maria leder efter **en postkasse.**
B: **Hvad** er det, hun leder efter?

a) A: Karen bor **henne i byen.** B: **Hvor** . . . . . ?
b) A: Maria mødte **en ældre herre.** B: **Hvem** . . . . . ?
c) A: Maria lægger **brevene** i postkassen. B: **Hvad** . . . . . ?
d) A: Bageren bor **ved siden af Karen.** B: **Hvor** . . . . . ?
e) A: **Søren** har repareret min cykel. B: **Hvem** . . . . . ?
f) A: Birte har skrevet et brev **til Maria.** B: **Hvem** . . . . . **til?**
g) A: Jeg har købt **en avis.** B: **Hvad** . . . . . ?

5. B *ist überrascht über das, was er hört. Deshalb fragt er nach, und* A *antwortet.*
   Schreiben Sie Frage und Antwort nach folgendem Muster:

   A: **Søren** har repareret din cykel.
   B: Er det (virkelig) **Søren**, der har reparet min cykel!
   A: Ja, det er **Søren**, der har repareret din cykel.

   a) **Mads** har lavet en computer.
   b) Mads vil købe **en knallert.**
   c) Mads arbejder **på Ærø.**
   d) **Helle** har købt en ny hest.
   e) **Søren** er dansklærer i 9. klasse.
   f) **Jens** har glemt at fodre kattene.

6. Labyrint:

Fortæl din nabo, hvordan man kommer ud af labyrinten. Brug: **til højre, til venstre, lige ud.**

Übersichten über die im Lehrbuch vorkommenden unregelmäßigen Verben

* bezeichnet Hilfsverben
\# bezeichnet Modalverben (Zum Gebrauch der Modalverben, siehe **5B5**)

Infinitiv	*Präsens*	*Präteritum*	*Perfekt*	
bede	beder	bad	har bedt	*bitten, beten*
beskrive	beskriver	beskrev	har beskrevet	*beschreiben*
bestå	består	bestod	har bestået	*bestehen*
betyde	betyder	betød	har betydet	*bedeuten*
binde	binder	bandt	har bundet	*binden*
*blive	bliver	blev	er blevet	*werden*
bringe	bringer	bragte	har bragt	*bringen*
drikke	drikker	drak	har drukket	*trinken*
falde	falder	faldt	er faldet	*fallen*
finde	finder	fandt	har fundet	*finden*
forstå	forstår	forstod	har forstået	*verstehen*
fortælle	fortæller	fortalte	har fortalt	*erzählen*
fryse	fryser	frøs	har frosset	*frieren*
*få	får	fik	har fået	*bekommen*
gentage	gentager	gentog	har gentaget	*wiederholen*
gide	gider	gad	har gidet	*Lust haben*
give	giver	gav	har givet	*geben*
gøre	gør	gjorde	har gjort	*tun, machen*
gå	går	gik	er gået	*gehen*
*have	har	havde	har haft	*haben*
hedde	hedder	hed	har heddet	*heißen*
hjælpe	hjælper	hjalp	har hjulpet	*helfen*
holde	holder	holdt	har holdt	*halten*
holde op	holder op	holdt op	er holdt op	*aufhören*
komme	kommer	kom	er kommet	*kommen*
#kunne	kan	kunne	har kunnet	*können*
lade	lader	lod	har ladet	*lassen*
le	ler	lo	har let	*lachen*
lide	lider	led	har lidt	*leiden*
ligge	ligger	lå	har ligget	*liegen*
lyde	lyder	lød	har lydt	*lauten*
lægge	lægger	lagde	har lagt	*legen*
løbe	løber	løb	er løbet	*laufen*
#måtte	må	måtte	har måttet	*dürfen*
nyde	nyder	nød	har nydt	*genießen*
optage	optager	optog	har optaget	*aufnehmen*
ride	rider	red	har redet	*reiten*
række	rækker	rakte	har rakt	*reichen*

177

se	ser	så	har set	*sehen*
sidde	sidder	sad	har siddet	*sitzen*
sige	siger	sagde	har sagt	*sagen*
skrive	skriver	skrev	har skrevet	*schreiben*
*skulle	skal	skulle	har skullet	*sollen, müssen*
skære	skærer	skar	har skåret	*schneiden*
slippe	slipper	slap	har sluppet	*loslassen*
slå	slår	slog	har slået	*schlagen*
sove	sover	sov	har sovet	*schlafen*
springe	springer	sprang	er sprunget	*springen*
spørge	spørger	spurgte	har spurgt	*fragen*
stå	står	stod	har stået	*stehen*
sælge	sælger	solgte	har solgt	*verkaufen*
sætte	sætter	satte	har sat	*setzen*
tage	tager	tog	har taget	*nehmen*
træde	træder	trådte	har trådt	*treten*
trække	trækker	trak	har trukket	*ziehen*
turde	tør	turde	har turdet	*wagen*
vide	ved	vidste	har vidst	*wissen*
*ville	vil	ville	har villet	*wollen*
vælge	vælger	valgte	har valgt	*wählen*
*være	er	var	har været	*sein*

Übersicht über die im Lehrbuch vorkommenden nebenordnenden und unterordnenden Konjunktionen

Nebenordnende Konjunktionen

og	*und*	Doppelkonjunktionen (kommen im Buch
eller	*oder*	nicht vor):
men	*aber*	både . . . . . og	*sowohl . . . . . als auch*
for	*denn*	enten . . . . . eller	*entweder . . . . . oder*
		hverken . . . . . eller	*weder . . . . . noch*

vergleichend: som *wie*
end *als*

Unterordnende Konjunktionen

allgemein einleitend:	at	*daß*
begründend:	fordi	*weil*
	da	*da, weil*
bedingend:	hvis	*falls, wenn*
einräumend:	selvom	*obwohl*

zeitlich:	da	*als*
	når	*wenn*
	mens	*während*
	før	*ehe, bevor*
	inden	*ehe, bevor*
	(ind)til	*bis*
den Zweck angebend:	for at (+ Infinitiv) *um zu, damit*	
	så at	*so daß*
vergleichend:	som om	*als ob*
Relativsätze:	som	*der, die, das*
	der	
	—	
indirekte Fragesätze:	om	*ob*
	hvem	*wer*
	hvad	*was*
	hvor	*wo*
	sowie andere Fragewörter med **hv-**	

Gesamtübersicht über die Personalpronomen

Vergleichen Sie **4C** und **6C**

	1. Person Singular Plural	2. Person Singular Plural	3. Person Singular Plural
als Subjekt	jeg — vi	du/De — I/De	han, hun — de
als Objekt u. nach Präp.	mig — os	dig/Dem — jer/Dem	ham, hende — dem
reflexiv	mig — os	dig/Dem — jer/Dem	sig — sig
Genitiv (possessiv)	min, mit mine — vores	din/Deres dit dine — jeres/Deres	hans, hendes bzw. sin, sit sine — deres

Sachregister — Grammatik

(Die Zahlen verweisen auf die Lektionsabschnitte)

Adjektiv: 7C1, 8C1, 8C2, 9C1, 15C1
Adverb: 11C3, 15C1, 15C2, 19C1
Adverbiale Bestimmungen: Einleitung 4, 5C3
Alphabet: Einleitung 2
Artikel: 3C1, 3C2, 3C3, 7C2
bestimmte Form:
  Adjektiv: 7C1
  Substantiv: 3C2, 3C3, 7C2
Betonung: Einleitung 3.4
Demonstrativpronomen: 8C3
finites Verb: Einleitung 4, 5C3
Fragesätze: 1C4, 20C3
Fragewörter: 1B1, 2B1, 5A
Futur: siehe: Zukunft
Genitiv: Einleitung 4, 6C2, siehe auch Possessivpronomen
Grundzahlen: 3B1, 8B1
Hauptsatz: Stellung der Satzglieder: Einleitung 4, 1C4, 5C3, 12C3
Hilfsverben: 12C1
Imperativ: 2C3, 4B1, 5B5
Indefinitpronomen: 9C2
Infintiv: Einleitung 4, 5C1, 5C2, 10C2, 12C1
Inversion: 5C3
Komparativ: 8C1, 8C2, 9C1
Konjunktionen:
  nebenordnende: 10C1, Anhang
  unterordnende: 11C1, 11C2, 16C2, Anhang
Konsonanten: Einleitung 3.2, 1C1, 2C1
Konsonantenverdoppelung: 3C2, 7C1, 19C1
Modalverben: 2B3, 5B5, 5C1, 10C2, 12C1, 13C1
Nebensatz: Stellung der Satzglieder: 11C2, 12C3, 14C2
Neutrum: 3C1, 3C2, 4C2, 9C2
Ordnungszahlen: 11B1, 12B2
Partizip Perfekt: Einleitung 4, 12C2, 12C3, 17C3, 17C4
Passiv: 17C2, 17C3, 17C4
Perfekt: 12C1, 12C2, 13C2, 13C4
Personalpronomen: 1C3, 4C1, 4C2, 20C2, Anhang

Plural: 3C3, 6C1, 19B2
Plusquamperfekt: 17C1
Possessivpronomen: 6C3, 6C4, Anhang
Possessivpronomen, reflexiv: 6C4, Anhang
Pronomen: 1C3, 4C1, 4C2, 6C3, 6C4, 8C3, 9C2, 20C2, Anhang
Prädikat: Einleitung 4, 12C3
Prädikatsadjektiv: 7C1
Prädikatsnomen: Einleitung 4, 5C2, 5C3, 20C2
Präpositionen: 1C4, 6B2, 10B3, 11B4
Präsens: 1C2, 12C1, 18C1
Präteritum: 12C1, 13C1, 13C3
Reflexivpronomen: 4C1
Relativkonjunktion: 11C1, 14C1, Anhang
Relativsatz: 11C1, 14C1
Satzadverb: Einleitung 4, 14C2
Satzbau: Einleitung 4, 1C4, 5C2, 5C3, 11C2, 12C3, 14C2, 20C3
Satzintonation: Einleitung 3.5
Satzspaltung: 20C3
s-Formen der Verben: 17C2
Singular: 3C2
Steigerung der Adjektive: 8C1, 9C1
Stoß: Einleitung 3.3, 7C3
Subjektstütze: 3C4
Substantive: 3C1, 3C2, 3C3, 6C1, 6C2, 9C2
Superlativ: 8C1, 9C1
unbestimmte Form:
  Substantive: 3C2, 3C3, 3C4
  Adjektive: 7C1
unregelmäßige Verben: 12C1, 20C1, Anhang
Utrum: 3C1, 3C2, 4C2, 9C2
Verb: 1C2, 2C3, 12C1, 12C2, 12C3, 13C1, 13C2, 13C3, 13C4, 16C1, 17C1, 17C2, 17C3, 17C4, 18C1, 18C2, 20C1
Vergleich: 8C2
Verlaufsform: 16C1
Vokale: Einleitung 3.1, 2C2, 7C3
Zukunft: 18B1, 18C1, 18C2

180

Alphabetisches Wörterverzeichnis

A

adresse, -n, (-r), Adresse, 13A
af (*Präposition*), von, 12A
af sted, weg, los, 2A
affald, -et, Abfall, 12A
affaldskurv, -en, (-e), Abfall-korb, 12A
afgang, -en, (-e), Abfahrt, 18D
afslappet, entspannt, 19A
aften, -en, (-er), Abend, 11A
aftenkaffe, -n Kaffe am Abend, 11A
aftenskole, -n (-r) Abendschule, Volkshochschule, 11A
aktieselskab, -et, (-e) Aktiengesellschaft, 12A
al all-, 10A
aldrig nie, 8A
alle alle, 11A
allerede schon, 6A
allerhelst am allerliebsten, 8A
allesammen alle (zusammen), 16A
alligevel trotzdem, 14A
almindelig gewöhnlich, 7A
alt for viel zu, 14A
altid immer, 8A
altså also, 6A
anbefale (1) empfehlen, 15A
anderledes anders, 13A
andre (*Pl.*) andere, 9A
ansigt, -et, (-er) Gesicht, 19B
apotek, -et, (-er) Apotheke, 19A
arbejde (1) (*Verb*) arbeiten, 7A
arbejde, -t, (-r) (*Substantiv*) Arbeit, 4A
arbejdsdag, -en, (-e) Arbeitstag, 12A
arm, -en, (-e) Arm, 19A
askebæger, -et, (-bægre) Aschenbecher, 15B
at daß, 10A
at tage kørekort den Führerschein machen, 16A
avis, -en, (-er) Zeitung, 4A

B

badeferie, -n, (-r) Badeurlaub, 8D
badekar, -ret, (-) Badewanne, 3D
badeværelse, -t, (-r) Badezimmer, 3A
badminton, -en Badminton, 11A
bag (*Präposition*) hinter, 11B
bage (2) backen, 10A

bagefter danach, 12A
bager, -en, (-e) Bäcker, 10A
bagerbil, -en, (-er) Bäckerauto, 20A
bagt gebacken, 10A
bakke, -n, (-r) Karton, 10A
balance, -n Gleichgewicht, 19A
bamse, -n, (-r) Teddy, 7A
bane, -n, (-r) (Renn)bahn, 11A
bank, -en, (-er) Bank, 10A
banke (1) klopfen, 18A
bar bar, nackt, 7A
bare (*Adverb*) nur, bloß, 7A
bare (*Konjunktion*) wenn bloß, 16A
barn, -et, (børn) Kind, 6A
bebo (1) bewohnen, 18A
bede (U) bitten, 8A
bedre kunne lide (U) lieber mögen, 9A
bedst (*Superlativ von* god) best, am besten, 8A
bedsteforældre (*Pl.*) Großeltern, 6A
bedøve (1) betäuben, 19A
begge to beide, 9A
begynde (2) anfangen, beginnen, 14A
ben, -et, (-) Bein, 19A
benytte (1) benutzen, verwenden, 18A
beretning, -en, (-er) Bericht, 11A
beskrive (U) beschreiben, 11A
beslutte sig (1) sich entscheiden, sich entschließen, 13A
bestemme sig (2) sich entscheiden, 15A
bestille (2) bestellen, 15A
bestå (U) bestehen, 18A
besøg, -et, (-) Besuch, 20A
besøge (2) besuchen, 5A
betale (2) bezahlen, 9A
betaling, -en, (-er) Bezahlung, 12A
betjening, -en, (-er) Bedienung, 15B
betyde (U) bedeuten, 6A
bibliotek, -et, (-er) Bücherei, 19A
bil, -en, (-er) Auto, 4A
bilag, -et, (-) Anlage, 12A
billede, -t, (-r) Bild, 6A
billet, -ten, (-ter) (Fahr)karte, 18D
billig billig, 8A
binde (U) binden, 19A
biograf, -en, (-er) Kino, 5A

blir *er det sammer som*: **bliver** werden, 18A
blive (U) werden, 7A
blive nødt til (U) müssen, 19A
blomst, -en, (-er) Blume, 18A
bluse, -n, (-r) Bluse, 8D
blød weich, 14B
bløde (2) bluten, 19A
blå blau, 7A
Blåvand, 13A
bo (1) wohnen, 1A
bo (1) **til leje** zur Miete wohnen, 13B
bog, -en, (bøger) Buch, 3C, 19A
bomuld, -en Baumwolle, 8B
bord, -et, (-e) Tisch, 3A
borte fort, weg, hin, 19A
bred breit, 19A
brev, -et, (-e) Brief, 12A
bro, -en, (-er) Brücke, 18A
brobygning, -en, (-er) Brückenbau, 18A
brochure, -n, (-r) Prospekt, 12A
bror, -en, (brødre) Bruder, 6A
brug, have brug for brauchen, 8A
bruge (2) gebrauchen, verwenden, 8A
brugt gebraucht, 8B
brun braun, 7A
brusebad, -et, -e Duschbad, 11A
bryggers, -et, (-er) Hauswirtschaftsraum, 3A
bryst, -et, (-er) Brust, 19B
brød, -et, (-) Brot, 4A
bukser (*Pl.*) Hose, 7A
bunke, -n, (-r) Haufen, 12A
bus, -sen, (-ser) Bus, 11A
by, -en, (-er) Stadt, 3A
byge, -n, (-r) Schauer, 16B
bygge (1) bauen, 11A
bøde, -n, (-r) Bußgeld, Geldstrafe, 17B
bøgetræ, -et, (-er) Buche *hier*: Buchenholz, 9A
børnehave, -n, (-r) Kindergarten, 7A
børnehaveklasse, -n, (-r) Vorschulklasse, 7B
børnehavepædagog, -n, (-r) Kindergärtnerin, 7A
båd, -en, (-e) Boot, 12A

C

cafeteria, cafeteriet, (cafeterier) Cafeteria, 15B

Alphabetisches Wörterverzeichnis

centrallager, -et, (-lagre) Zentrallager, 17A
check, -en, (-s) Scheck, 9A
chokolade, -n Schokolade, 10B
Christian IV, Christian den Fjerde *dän.* *König 1586 – 1648*, 15A
computer, -en, (-e) Computer, 11A
cowboybukser Jeanshose, 9A
cykel, cyklen, (cykler) Fahrrad, 6D, 17B
cykle (1) Fahrrad fahren, 4A

D

da (*Adverb*) doch, 5A
da (*Konjunktion*) da, 16B
da (*Konjunktion*) als, 14A
dag, -en, (-e) Tag, 1A
dagens ret, -ten, (-ter) Tagesgericht, 15B
dagligstue, -n, (-r) Wohnzimmer, Stube, 3A
dagplejemor, -en, (-mødre) Tagesmutter, 20A
dame, -n, (-r) Dame, 19A
Danmark Dänemark, 1A
dansk dänisch, 6B, 12A
dansker, -en, (-e) Däne, 13B
dansklærer, -en, (-e) Dänischlehrer, 11A
dato, -en, (-er) Datum, 12B
datter, -en, (døtre) Tochter, 6A
dav 'Tag, 2A
davs 'Tag, 2B
de sie (*3. Pers. Pl.*), 1A
De *höfliche Anrede* Sie, 9B
dejlig schön, herrlich, lecker, 15A
dem *Objektform* sie/ihnen, 4A
Dem *höfliche Anrede, Objektform* Sie/Ihnen, 9B
den her/det her dies-, 8A
denne dies-, 8C
der *Subjektstütze* s. 3C4, 3A
der dort, 13A
der (*Relativkonjunktion*) der, die, das, 11A
der/det findes (U, *vergl.* finde) es gibt, 17A
derefter danach, 11A
derfor deshalb, 7A
derhen dorthin, 8A
dessert, -en, (-er) Nachtisch, 15B
desværre leider, 14A
det das, es, 1A

det bliver . . . (U) das macht, 9A
det eneste das einzige, 12A
det er jo nemt nok das ist ja ganz einfach, 6A
det er lige til at holde ud man kann es aushalten, 16A
det er vel nok pænt af dig das ist aber nett von dir, 4A
det gør ikke noget das macht nichts!, 4B
det går nok (U) das wird schon gehen, 9A
det kan vi godt von mir aus, 5A
det samme som das gleiche wie, 12A
det ved jeg ikke das weiß ich nicht, 5A
dette dies-, 8C
dig dich, dir, 4A
digt, -et, (-e) Gedicht, 18A
diskutere (1) diskutieren, 18A
disse diese, 8C
doven faul, 17D
dreje (1) drehen, abbiegen, 20A
drikke (U) trinken, 4A
drikkepenge (*Pl.*) Trinkgeld, 15B
drille (1) ärgern, 18A
dryppe (1) tropfen, *hier*: tröpfeln, 18A
du du, 1A
dukke op (1) auftauchen, 14A
dum dumm, blöd, 14B
dumpe (1) durchfallen, 16A
dyb tief, 4A
dygtig tüchtig, etwas gut können, 14A
dyppe (1) (ein)tauchen, 18A
dyr teuer, 8A
dyster finster, düster, 18A
dække (1) bord Tisch decken, 4A
dødsfald, -et, (-) Todesfall, 18A
dør, -en, (-e) Tür, 3A
dårlig schlecht, 9A
dåse, -n, (-r) Dose, 10B

E

EDB, elektronisk databehandling EDV, 12D
efter skoletid nach der Schule, 11A
eftermiddag, -en, (-e) Nachmittag, 8A
eftermiddagskaffe, -n Kaffee am Nachmittag, 11A

efterår, -et, (-) Herbst, 16A
egen eigener, 11A
egentlig eigentlich, 8A
eje (1) besitzen, 13A
ekspedient, -n, (-er) Verkäufer, 9A
ekspeditrice, -n, (-r) Verkäuferin, 9A
elev, -en, (-er) Schüler, 9D
eller oder, 5A
ellers sonst, 3A
ellers andet? sonst noch etwas?, 10A
emne, -t, (-r) Thema, 18A
end (*Konjunktion*) als, 8C
endelig endlich, 7A
endnu noch, 4A
eng, -en, (-e) Wiese, 18A
engelsk englisch, 8A
enkelt einzeln, 16B
entré, -en, (-er) Flur, 3A
er (U) *Präsens von* være ist, 1A
et nummer større eine Nummer größer, 8A
et par dage senere ein paar Tage später, 15A
et par kolde *umgangssprachlich* kaltes Bier, 16A

F

f. eks. *Abkürzung für* for eksempel, z. B., 18A
falde (U) fallen, 18A
familie, -n, (-r) Familie, 6A
far, -en, (fædre) Vater, 6A
farbror, -en, (-brødre) Onkel, 6B
farfar, -en, (-fædre) Opa, 6A
farmor, -en, (-mødre) Oma (väterlicherseits), 6A
farve, -n, (-r) Farbe, 7A
farve-tv, -et, (-er) Farbfernseher, 13D
farvel Auf Wiedersehen, 2A
fast (*Adjektiv*) fest, 18A
faster, -en, (fastre) Tante, 6B
feber, -en Fieber, 19B
fejle (1) fehlen, krank sein, 19A
ferie, -n, (-r) Ferien, Urlaub, 16A
feriejob, -bet, (-) Ferienjob, 12A
fest, -en, (-er) Fest, 12D
film, -en, (-) Film, 11D
fin fein, prima, 2A
finde (U) finden, 7A

182

finde frem (U) heraussuchen, 9A
finde på (U) sich einfallen lassen, 5A
finde ud af (U) herausbekommen, 10A
finger, -en, (fingre) Finger 19B
firma, -et, (-er) Firma, 11A
fisk, -en, (-) Fisch, 10A
fiskehandler, -en, (-e) Fischhändler, 10A
fjernsyn, -et, (-) Fernsehen, 5A
flaske, -n, (-r) Flasche, 10B
flink nett, freundlich, 12A
flittig fleißig, 17D
flok, -ken, (-ke) Menge, Haufen, Schar, 7A
fly, -et, (-) Flugzeug, 17B
flygtning, -en, (-e) Flüchtling, 14A
flytte (1) umziehen, 3A
flytte ind i (1) einziehen, 3A
flyvemaskine, -n, (-r) Flugzeug, 17B
flænge, -n, (-r) Riß, Schnitt, 19A
flæsk, -et Speck, 14B
flæskesteg, -en, (-e) Schweinebraten mit Kruste, 15A
fod, -en, (fødder) Fuß, 19A
fodbold, -en, (-e) Fußball, 18A
fodre (1) füttern, 11A
folkebåd, -en, (-e) Folkeboot (Segelbootklasse), 12A
for (*Konjunktion*) denn, 18A
for (*Präposition*) zu, 5A
for . . . siden (*Präposition*) vor, 12A
for at (*Konjunktion*) um zu, 10A
for det meste meistens, 11A
for dyrt zu teuer, 8A
for små (*Pl.*) zu klein, 9A
for stærk zu stark, 4A
foran (*Präposition*) vor, 4A
forandring, -en, (-er) Abwechslung, Veränderung, 13A
forbi (*Adverb*) vorbei, 4B
forbi (*Präposition*) an . . . vorbei, 8A
forbindelse, -n, (-r) Verbindung, 18A
fordi (*Konjunktion*) weil, 11A
forfærdelig entsetzlich, furchtbar, 17A
forkert falsch, 2D
forklare (1) erklären, 20A
forkølet erkältet, 2A
formiddag, -en, (-e) Vormittag, 7A

forret, -ten, (-ter) Vorspeise, 15A
forretning, -en, (-er) Geschäft, 8A
forretningsbrev, -et, (-e) Geschäftsbrief, 12A
forskel, -len, (-le) Unterschied, 20A
forskellig unterschiedlich, 9A
forskrækket erschrocken, erschreckt, 17A
forstand, -en Verstand, Ahnung, 9D
forstå (U) verstehen, 14A
fortælle (U) erzählen, 11A
forældet veraltet, 18A
forældre (*Pl.*) Eltern, 6B
forældremøde, -t, (-r) Elternversammlung, 12D
forår, -et, (−) Frühling, 16A
fotoalbum, −(m)et, (-album) Fotoalbum, 6A
fra von, aus, 1A
fra . . . og opefter ab, 9A
fra top til tå von oben bis unten, 7A
frakke, -n, (-r) Mantel, 7A
fransk französisch, 14A
fredag, -en, (-e) Freitag, 5A
fremtid, -en Zukunft, 18A
frimærke, -t, (-r) Briefmarke, 20B
frisk frisch, 16B
fritidshjem, -met, (-) „Freizeitheim", 7B
frokost, -en, (-er) Lunch, 11B
frost, -en Frost, 16B
frugt, -en, (-er) Obst, Frucht, 10A
fryse (U) frieren, 16B
fræk frech, 17D
Fyn Fünen, 18A
fyrretræ, -et, (-er) Kiefer, hier: Kiefernholz, 9A
fælde (1) fällen, *hier*: vergießen, 18A
færdig fertig, 4A
færge, -en, (-er) Fähre, 12A
færgehavn, -en, (-e) Fährhafen, 18A
fætter, -en, (fætre) Vetter, 6A
fødselsdag, -en, (-e) Geburtstag, 12D
følgende folgend, 18D
før (*Adverb*) vorher, 13D
før (*Konjunktion*) ehe, bevor, 8A
først zuerst, 7A
få (*Adjektiv*) wenig-, 8C

få (*Verb*) (U) bekommen, 4A
få tiden til at gå sich die Zeit vertreiben, 19A

G

gade, -n, (-r) Straße, 2A
gaffel, gaf(fe)len, (gafler) Gabel, 4A
gammel alt, 6A
gang, -en, (-e) Mal, 14A
garderobe, -n, (-r) Garderobe, 7A
garn, -et, (-er) Wolle, 8B
gartner, -en, (-e) Gärtner, 20D
gave, -n, (-r) Geschenk, 12D
gennem (*Präposition*) durch, 13A
gentage (U) wiederholen, 13A
gide (U) Lust haben, mögen, 5A
gift (med) verheiratet (mit), 6A
girokort, -et, (-) Zahlkarte, 20B
give (U) geben, 4A
give (U) slip loslassen, 19A
glad *s. 17B* froh, fröhlich, 7A
glad for sich freuen, gern haben, 17B
glas, -set, (-) Glas, 4A
glemme (2) vergessen, 19D
glæde sig til (1) *s. 17B* sich auf etwas freuen, 12A
glædelig fröhlich, 17B
god gut, 2A
god aften Guten Abend, 2B
god morgen Guten Morgen, 2B
god nat Gute Nacht, 2B
goddag Guten Tag, 1A
godt det ikke er mig! *etwa*: ein Glück, daß ich das nicht bin! 16A
godt kunne lide (U) (leiden) mögen, 9A
grad, -en, (-er) Grad, 16B
gram, (g), -met (-) Gramm, 10A
grillstegt gegrillt, 10A
gruppe, -n, (-r) Gruppe, 7A
grøn grün, 7A
grønthandler, -en, (-e) Gemüsehändler, 10A
grøntsag, -en, (-er) Gemüse, 10A
grå grau, 7B
gud, -en, (-er) Gott, 17B
gul gelb, 7A
gulv, -et, (-e) Fußboden, 7A

gymnastik, -ken Gymnastik, 19A
gæst, -en, (-er) Gast, 3A
gæstearbejder, -en, (-e) Gastarbeiter, 14A
gøre (U) tun, 15D, 17A
gøre ondt (U) weh tun, 19A
gøre rent (U) saubermachen, 12A
gå (U) gehen, 2A
gå hen til an ... gehen, 9A
gå med (U) tragen, 8A
gå til (U) *hier*: Kurs/Unterricht besuchen, 11A
gård, -en, (-e) Hof, 11A

H

hals, -en, (-e) Hals, 19B
halstørklæde, -t, (-r) Schal, 7A
halv halb, 5B
halvø, -en, (-er) Halbinsel, 18A
Hamborg Hamburg, 1A
han er, 1A
handle (1) handeln, einkaufen, 10A
hans sein(e), 6A
hastighedsgrænse, -n, (-r) Geschwindigkeitsbeschränkung, 17B
hav det godt! alles Gute!, 2A
have (U) haben, 2A
have, -n, (-er) Garten, 3A
have ... åbent auf haben, 5A
have brug for brauchen, 8A
have råd til sich leisten können, 9A
have tid til Zeit für etwas haben, 12A
have/få (U) **noget at vide** etwas zu wissen bekommen, 13A
havn, -en, (-e) Hafen, 12A
havnefoged, -en, (-er) Hafenmeister, 12A
havnepenge Hafengebühr, 12A
hedde (U) heißen, 1A
heftig heftig, 18A
hej hallo, 2B
hej med jer tschüß, 4A
hel ganz, 4A
hele molevitten *umgangssprachlich* der ganze Salat, 17A
hele tiden die ganze Zeit, 14A
hele året rundt das ganze Jahr, 13A
heller ikke auch nicht, 8A
hellere lieber, 5A
hen *eine oft nicht übersetzbare Richtungsangabe*, 8A

hende (1) sie/ihr, 4A
henne *eine oft nicht übersetzbare Ortsangabe*, 11A
hente (1) holen, 4A
henvise (2) **(til)** verweisen (auf), 12A
her hier, 2A
hernede (hier) unten, 19A
heroppe (hier) oben, 19A
herover hierher, hier 'rüber, 12A
hest, -en, (-e) Pferd, 11A
hilse (2) grüßen, 2A
hinanden sich, einander, 11A
historie, -n, (-r) Geschichte, 16D
hittegodskontor, -et, (-er) Fundbüro, 9D
hjem nach Hause, 2A
hjemme zu Hause, 6A
hjemme hos os bei uns zu Hause, 9A
hjælpe (U) helfen, 9A
hjørne, -t, (-r) Ecke, 15A
holde (U) **sommerferie, -n, (-r)** Sommerferien machen, 13A
holde i ro (U) ruhig halten, 19A
holde op (U) aufhören, 7A
holde ud (U) aushalten, 16A
honning, -en, (-er) Honig, 4A
hoppe (1) hüpfen, 19A
hos (*Präposition*) bei, 9A
hoste, -n Husten, 18A
hov! hier *etwa*: he! 8A
hoved, -et, (-er) Kopf, 19B
hovedpine Kopfschmerzen, 19B
hovedret, -ten, (-ter) Hauptgericht, 15B
hr. Herr, 2D
hue, -n, (-r) Strickmütze, 7A
hul, -let, (-ler) Loch, 17A
humor, -en Humor, 14B
humør, -et Stimmung, Laune, 14B
hun sie (*3. Pers. Sing.*), 1A
hund, -en, (-e) Hund, 10A
hurtig schnell, 14A
hus, -et, (-e) Haus, 3A
husets vin Hausmarke (Wein), 15A
huske (1) sich erinnern, 7A
hvabehar wie bitte?, 14B
hvad was, wie, 1A
hvad fejler du? was fehlt dir?/ was hast du? 19A
hvad for en welche, welcher 7A
hvad koster den? was kostet er?, 8A

hvad skal vi lave was machen wir, 5A
hvad skulle det være? Was wünschen Sie bitte? 9A
hvem wer, 1A
hver je, 7A
hver jeder, 11A
hver gang jedes Mal, 16A
hverdag, -en, (-e) Alltag, Werktag, 11A
hvid weiß, 7B
hvidvin, -en, (-e) Weißwein, 15A
hvis (*Konjunktion*) wenn, 9A
hvor wo, 1A
hvor lang tid = **hvor længe** wie lange, 17A
hvor langt wie weit, 13A
hvor længe wie lange, 13A
hvor mange wie viel(e), 6A
hvordan wie, 2A
hvordan går det wie geht es, 2A
hvordan har du det wie geht es dir, 2A
hvorfor warum, 13A
hvornår wann, 5A
hyggelig gemütlich, 10A
hægte (1) **sammen** verbinden, 18A
hæk, -ken, (-ke) Hecke, 16A
hæve (1) abheben, 10A
høflig höflich, 17D
høj hoch, laut, 14B
højre rechts, 6A
høre (2) hören, 14A
hånd, -en, (hænder) Hand, 19A
håndklæde, -t, (-r) Handtuch, 19A
håndvask, -en, (-e) Waschbecken, 3D
hård hart, stark, 16B
hårtop, -pen, (-pe) Schopf, 7A

I

I ihr, 1A
i (*Präposition*) in, vor, 1A, 5B
i alt zusammen, 9A
i dag heute, 2A
i den darin, 4A
i forgårs vorgestern, 13C
i forvejen im voraus, 15A
i fuld fart in voller Fahrt, 20A
i går gestern, 12A
i løbet af im Laufe von, 13A
i morgen morgen, 8A
i orden in Ordnung, 9A
i stykker kaputt, 17A

ID-kort, -et, (-) Scheckkarte, 9A
ide, -en, (-er) Idee, 3A
igen wieder, 4A
ikke nicht, 1A
ikke flere (*Pl., Komparativ von* mange) keine, 8A
ikke have forstand på keine Ahnung haben von, 9D
ikke nogen/noget kein-, 6A
ikke sandt? nicht wahr? 19A
ikke ret meget nicht sehr viel, 17A
ikke særlig godt nicht besonders gut, 2A
ikke så tosset „nicht so verrückt", 13A
ikke værst (*Superlativ von* slem) nicht schlecht 8A
ind i in ... herein/hinein, 13B
inde i in (+ *Dativ*), 19A
inden (*Konjunktion*) bevor, ehe, 17A
indhold, -et Inhalt, 9D
indkøb, -et, (−) Einkauf, 10A
indløse (2) einlösen, 10A
indsprøjtning, -en, (-er) Injektion, 19A
indtil (*Konjunktion*) bis, 11A
influenza, -en, (-er) Grippe, 19B
ingen keine, keiner, 7A
ingen årsag! gern geschehen, 20A
ingeniør, -en, (-er) Ingenieur, 11A
inklusive inklusive, 15B
interessant interessant, 4A
invitation, -en, (-er) Einladung, 14A
invitere (1) einladen, 14D
is, -en Eis, 16B
især besonders, 18A

J

ja tak! *hier:* danke! 2A
jakke, -n, (-r) Jacke, 7A
jamen ja, aber ..., 14A
jeg ich, 1A
jeg er ikke stedkendt ich kenne mich hier nicht aus, 20A
jeg har det fint mir geht es prima, 2A
jeg har det godt mir geht es gut, 2A
jeg skal til et møde ich gehe zu einer Sitzung, 2A
jer euch, 4A

jeres euer, 6A
jo ja, aber (*Füllwort*), 2A
jo da ja doch, 6A
job, -bet, (-) Job, 9D
jul, -en Weihnachten, 17B
Jylland Jütland, 17A
jævn mäßig, eben 16B

K

kaffe, -n Kaffee, 4A
kalde på (2) rufen, 15A
kalender, -en, (-e) Kalender, 12D
kalv, -en, (-e) Kalb, 11A
kammerat, -en, (-er) Kamerad, Freund, 11A
kartoffel, kartoflen, (kartofler) Kartoffel, 10A
kasse, -n, (-r) Kasse, 9A
kasse, -n, (-r) Kiste, 10B
kat, -ten, (-te) Katze 11A
ked af traurig, 17B
kedelig langweilig, 5A
kende (2) kennen, 12A
kende (2) forskel på unterscheiden, 20A
kigge (1) sehen, 3A
kigge på (1) anschauen, 8A
kilo, -et Kilo, 10A
kind, -en, (-er) Wange, Backe, 14B
kiosk, -en, (-er) Kiosk, 10B
kiste, -n, (-r) Sarg, 14B
kjole, -n, (-r) Kleid, 8D
klasse, -n, (-r) Klasse, 9D
klippe (1) schneiden, 16A
klog klug, gescheit, 15A
klokke, -n, (-r) Uhr, 2A
klokken er mange es ist schon spät, 2A
knallert, -en, (-er) Moped, 11A
knallertkørekort, et, ( ) Mofaführerschein, 16A
kniv, -en, (-e) Messer, 4A
knop, -pen, (-per) Pickel, 18A
knæ, -et, (-) Knie, 19B
ko, -en, (køer) Kuh, 11A
koge (2) kochen, 17D
kold kalt, 7A
kollega, -en, (kolleger) Kollege, 7A
kollegium, kollegiet, (kollegier) Studentenwohnheim, 6A
kom godt hjem komm gut nach Hause, 2A
kombinere (1) kombinieren, 18A

komme (U) komme, 2A
komme i (U) zugeben, hinzufügen, 17D
komme i tanke om (U) darauf kommen, 20A
komme ind (U) hereinkommen, 19A
komme til at (U) unabsichtlich etwas tun, 19A
komme til skade (U) sich verletzen, 19A
kommunekontor, -et, (-er) Rathaus, Gemeindeverwaltung, 16A
komponent, -en, (-er) Komponente, 11A
koncert, -en, (-er) Konzert, 5B
konfirmation, -en, (-er) Konfirmation, 6A
konvolut, -ten, (-ter) Briefumschlag, 20B
kop, -pen, (-per) Tasse, 4A
kort, -et, (-) Karte, Spielkarte, 13A, 19A
koste (1) kosten, 8A
kro, -en, (-er) Dorfkrug, 15B
krone, -n, (-er) *dänische Münze, Abkürzung:* kr., 8A
kuffert, -en, (-er) Koffer, 8D
kulde, -n Kälte, 16B
kuling, -en stürmischer Wind, 16B
kun nur, 3A
kunde, -n, (-r) Kunde, 9B, 14A
kunne *Präs.:* kan (U) können, 3A
kunst, -en Kunst, 5A
kursus, kurset, (kurser) Kurs, 11A
kusine, -n, (-r) Cousine, 6A
kvalitet, -en, (-er) Qualität, 9A
kvart viertel, 5B
kvinde, -n, (-r) Frau, 9B, 10A
kylling, -en, (-er) Hähnchen, 10A
kystlinje, -n, (-r) Küstenlinie, 18A
kære *Anrede in Briefen:* liebe(r), 12A
kærlig hilsen herzliche Grüße, 12A
købe (2) kaufen, 3A
købe ind (2) einkaufen, 4A
København Kopenhagen, 1A
købmand, -en, (-mænd) Kaufmann, 10B
kød, -et Fleisch, 10A
kødben, -et, (-) Fleischknochen, 10A

Alphabetisches Wörterverzeichnis

køkken, -et, (-er) Küche, 3A
køleskab, -et, (-e) Kühlschrank, 11A
køre (2) fahren, 11A
køre (ned/op) (2) *hier*: nach oben/unten bewegen, 19A
køre rundt herumfahren, 16A
køreprøve, -n, (-r) Fahrprüfung, 16A

L

lad os kigge på . . . laß uns mal . . . anschauen, 3A
lade (U) lassen, 3A
lag, -et, (—) Schicht, 10A
lager, -et, (lagre) Lager, 17A
land, -et, (-e) Land, 11A
landevej, -en, (-e) Landstraße, 17B
landvin, -en, (-e) Landwein, 15A
lang lang, 13A
langs med an . . . entlang, 19A
langsom langsam, 14A
langt væk weit weg, von weit her, 17A
larm, -en Lärm, 17A
lave (1) machen, tun, 2A
lave (1) mad kochen, 4A
le (U) lachen, 7A
lede efter (2) suchen, 20A
ledig frei, 13A
lege (1) spielen, 7A
leje (1) mieten, 13A
leje ud (1) vermieten, 13A
lejlighed, -en, (-er) Wohnung, 3A
let leicht, 16B
levere (1) liefern, 9A
levering, -en, (-er) Lieferung, 9A
leverpostej, -en, (-er) Leberpastete, 10A
lide (U) mögen, leiden mögen, 8A
lidt (ein) wenig, 8C, 9A
lige gerade, eben mal, 4A
lige så . . . som so . . . wie, 8C
ligefrem gerade, 8A
ligeud geradeaus, 20A
ligge (U) liegen, 7A
ligge (U) og køre rundt (dauernd) herumfahren, 16A
lighed, -en, (-er) Gleichheit, Ähnlichkeit, 14B
lilla lila, 9A
lille klein, 6A

lillesøster, -en, (små søstre) kleine Schwester, 6A
liter, -en, (-) Liter, 10A
lodret senkrecht, 1D
lomme, -n, (-r) Tasche, 7A
love (1) versprechen, 17A
lukke (1) schließen, zumachen, 8A
lukket geschlossen, zu, 5A
lumsk hinterlistig, 14B
lyde (U) sich anhören, klingen, 13A
lydpotte, -n, (-er) Auspufftopf, 17A
lykkes (1) *nur unpersönlich mit* **det** *als Subjekt*, 17A
lys hell, 7B
lyst til Lust zu, 5A
lystre (1) gehorchen, 18A
læder, -et Leder, 8B
læge, -n, (-r) Arzt/Ärztin, 19A
lægesekretær, -en, (-er) Sprechstundenhilfe, 19A
lægge (U) legen, 20A
lækker lecker, 8A
lænestol, -en, (-e) Sessel, 3A
længe *zeitlich*: lange
lære (2) lernen, 14A
lærer, -en, (-e, lærerne) Lehrer/in, 7B
lærred, -et, (-er) Leinen, 8B
læse (2) lesen, 4A
læse lektier (2) Hausaufgaben machen, 11A
løbe (U) laufen, 7A
løbe rundt (U) herumlaufen, 7A
løfte (1) heben, 14A
lørdag, -en, (-e) Samstag, 5A
låne (2) leihen, 14B, 19A

M

mad, -en Essen, 4B
malke (1) melken, 11A
man man, 14A
mand, -en, (mænd) Mann, 9B
mandag, -en, (-e) Montag, 5A
mange (Pl.) viele, 2A
mangen en manch ein(e/er), 18A
marmelade, -n, (-r) Marmelade, 4A
materiale, -t, (-r) Material, 8B
mave, -n, (-r) Bauch, Magen, 19A
med mit, 2A
med det samme sofort, 13A

medicin, -en Medizin, 19D
meget sehr, viel, 2A
mejeri, -et, (-er) Molkerei, 14A
mekaniker, -en, (-e) Mechaniker, 17A
mel, -et Mehl, 10A
mellem (Präposition) zwischen, 18A
melodi, -en, (-er) Melodie, 7A
men aber, 3A
mene (2) meinen, 17A
mens (Konjunktion) während, 17A
mer = mere (vergl. **3A**) mehr, 7A
mere mehr, 3A
metal, -let, (-ler) Metall, 12A
middag, -en, (-e) Mittag, *als Mahlzeit*: warmes Essen, 10A
middel mittel, 8B
midt i mitten in, 3A
mig mich, mir, 4A
mild mild, 16B
min/din/hans/hendes . . . tur daran, an der Reihe sein, 14A
mineralvand, -et Mineralwasser, 15A
minus minus, 3B
mod gegen, 19A
mon ob, 17A
mor, -en, (mødre) Mutter, 6A
morbror, -en, (-brødre) Onkel, 6B
morfar, -en, (-fædre) Opa, 6A
morgen, -en, (-er) Morgen, 7A
morgenmad, -en Frühstück, 4A
mormor, -en, (-mødre) Oma (mütterlicherseits), 6A
moster, -en, (mostre) Tante, 6B
motorcykel, -cyklen, (-cykler) Motorrad, 17B
motorvej, -en, (-e) Autobahn, 17A
mund, -en, (-e) Mund, 19B
museum, museet, museer Museum
mysli, -en, (-er) Müsli, 4A
mælk, -en Milch, 4A
møbel, møb(e)let, møbler Möbel, 3A
møde (2) (Verb) treffen, erscheinen, 2A, 11A
møde, -t, (-r) (Substantiv) Sitzung, Tagung, 2A
mødes (2) sich treffen, 15A
mønt, -en, (-er) Münze, 8B
mørk dunkel, 7B
måde, -n, (-r) Art, Weise, 14A
måle (2) messen, 19D

måltid, -et, (-er) Mahlzeit, 11B
måned, -en, (-er) Monat, 12B
måske vielleicht, 3A
måtte (U) *Präs.:* **må** *s.* *5B5*
dürfen, müssen, 4B, 5A
måtte, -n, (-r) (*Substantiv*)
Matte, 18A

N

nabo, -en, (-er) Nachbar, 10D, 16A
nat, -ten, (nætter) Nacht, 11B
natur, -en Natur, 13A
naturligvis natürlich, 9A
navn, -et, (-e) Name, 13A
nedbør, -en Niederschlag, 16B
nede på auf (+ *Dativ*) 19A
nedefter nach unten, 19A
nederdel, -en, (-e) Rock, 8A
nedfrossen eingefroren, 18A
nej nein, 1A
nej tak danke (*ablehnend*), 4A
nem einfach, 6A
nemlig nämlich, 11A
net (*Adjektiv*) hübsch, 14B
net, -tet, (-) (*Substantiv*) Netz, 14B
nikke (1) nicken, 19A
nogen *s.* *9C2* jemand, welche-, 6A
noget *s.* *9C2* etwas, 4A
noget af etwas von, ein Teil von, 4A
noget andet etwas anderes, 5A
noget at spise etwas zu essen, 11A
noget nyt etwas Neues, 13A
noget smart etwas Schickes, 8A
noget større etwas größer, 9A
nogle einige, 8A
nogle andre einige andere, 10A
nok (*Adverb*) gewiß, sicherlich, 15A
nok (*Adverb*) genug, 3A
Nordjylland Nordjütland, 5A
nordøst nordost, 7A
Norge Norwegen, 8D
nu jetzt, 2A
nul, -let, (-ler) Null, 5B
nummer, -et, (numre) Nummer, 6A
ny neu, 7A
nyde (U) genießen, 19A
nærhed, -en Nähe, 17A
næse, -n, (-r) Nase, 13A
næste nächste(r/s), 6A

næsten fast, 10A
nødvendighed, -en, (-er) Notwendigkeit, 18A
nå tja, 16A
nå (*Verb*) erreichen, schaffen, 2A
nå sådan ach so, 6A
nå! ach so! 16A
når (*Konjunktion*) wenn, 11A

O

o.k. okay, 8A
offentlig öffentlich, 17B
ofte oft, 14A
og und, 1A
også auch, 1A
olie, -n Öl, 14B
om (*Konjunktion*) ob, 19D
om (*Präposition*) um, 19A
om lidt bald, 18B
om tre timer in drei Stunden, 17A
om, -en *s.* *5B3*
omkring um ... (herum), ungefähr, 10A, 16B
omme *nicht übersetzbare Ortsangabe siehe* 19C, 19A
område, -t, (-r) Gebiet, 13A
områdenummer, -et, (-numre) Vorwahl, 13B
ond böse, 8C, 17D
ondt, have ondt (i) Schmerzen haben (in), 19A
onkel, -en, (onkler) Onkel, 6B
onsdag, -en, (-e) Mittwoch, 5A
op auf, 17A
op at stå (U) aufstehen, 19A
opefter *vergl.* **9A** nach oben, 19A
opfatte (1) auffassen, 18A
opgave, -n, (-r) Aufgabe, 11A
opleve (1) erleben, 12A
oplysning, -en, (-er) (om) Auskunft, 12A
optage (U) aufnehmen, *hier:* beschäftigen, 18A
opvaskemaskine, -n, (-r) Spülmaschine, 13D
ord, -et, (-) -Wort, 12A
os uns, 4A
ost, -en, (-e) Käse, 4A
oval oval, 9A
ovenpå oben, 3A
over (*Präposition*: Zeit) nach, 5B
over (*Präposition*: Raum) über, 3A

overnatte (1) übernachten, 14D
overskyet bedeckt, 16B
overtræksbukser Schihose, 7A

P

pakke (1) (*Verb*) packen, 8D
pakke, -n, (-r) (*Substantiv*) Packung, Paket, 10A
papir, -et, (-er) Papier, 12A
papirsæk, -ken, (-ke) Papiersack, 12A
par, -ret, (—) Paar, paar, 7A
park, -en, (-er) Park, 7A
passe (1) hüten, betreuen, passen, 7A, 9A
patient, -en, (-er) Patient, 19A
penge (*Pl.*) Geld, 8A
person, -en, (-er) Person, 7D, 9A
pine, -n, (-r) Schmerz(en), 19B
placere (1) placieren, 3A
plads, -en, (-er) Platz, 3A
plan, -en, (-er) Plan, 3A
plastic, -en/-et, (-er) Plastik, Kunststoff, 12A
pleje (1) pflegen, meistens/gewöhnlich etwas tun, 14A
plus plus, 3B
plæne, -n, (-r) Rasen, 18A
politiker, -en, (-e, politikerne) Politiker, 17B
pose, -n, (-r) Tüte, Beutel, 10A
postanvisning, -en, (-er) Postanweisung, 20B
postbud, -et, (-e) Briefträger, 20B
posthus, -et, (-e) Postamt, 20B
postkasse, -n, (-r) Briefkasten, 20A
postkort, -et, (-) Postkarte, 20A
postnummer, -et, (-numre) Postleitzahl, 20B
potte, -n, (-r) Topf, 18A
pr./per pro, 13A
printplade, -n, (-r) Hauptplatine, 11A
pris, -en, (-er) Preis, 12A
prisliste, -n, (-r) Preisliste, 12A
privat privat, 12A
problem, -et, (-er) Problem, 13A
projekt, -et, (-er) Projekt, 18A
prøve (1) probieren, 8A
puha! igitt!, 16A
pund, -et, (-) Pfund, 10A
pæn nett, hübsch, 4A

Alphabetisches Wörterverzeichnis

på (*Präposition*) auf, an, in, 2A, 17A
på arbejde zur Arbeit, 4A
på en anden måde auf eine andere Weise, 14A
på fredag am kommenden Freitag, 12A
på gaden auf der Straße, 2A
på vej auf dem Weg, 8A
pålæg, -get, (−) Aufschnitt, 4A

R

rask rasch, gesund, 14B
recept, -en, (-er) Rezept, 19A
ref., reference, -en, (-er) Geschäftszeichen, 12A
regn, -en Regen, 16A
regne (1) regnen, 5A
regning, -en, (-er) Rechnung, 10A
regnvejr, -et Regenwetter, 5A
reje, -n, (-r) Krabbe, Garnele, 15A
rejse (2) reisen, 14A
rejse sig (2) sich erheben, 4A
reol, -en, (-er) Regal, 3A
reparere (1) reparieren, 17A
reservedel, -en, (-e) Ersatzteil, 17A
reservere (1) reservieren, 15A
restaurant, -en, (-er) Restaurant, 15A
ride (U) reiten, 11A
rige, -t, (-r) Reich, 18A
rigtig richtig, 2D
ringe (1) klingeln, anrufen, 13A
rod, -et Unordnung, 11D
rolig ruhig, 19A
roman, -en, (-er) Roman, 18A
rullepølse, -n, (-r) „Preßwurst", 10A
rum, -met, (-) Raum, 3A
rund rund, 9A
rundstykke, -t, (-r) Brötchen, 4D, 19D
rutebil, -en, (-er) Linienbus, 17B
rydde op (1) aufräumen, 11A
ryg, -gen, (-ge) Rücken, 19A
række (U) reichen, 4A
rød rot, 7A
rødkål, -en, (-) Rotkohl, 15A
rødspætte, -n, (-r) Scholle, 4A
rødvin, -en, (-e) Rotwein, 15A
røget geräuchert, 15A
råbe (2) rufen, 7A
råd, -et, (-) Rat, 13A

S

salat, -en, (-er) Salat, 10A
samle op (1) sammeln, 12A
samlet gesammelt, zusammen, 19A
samme gleich, 12A
sammen med zusammen mit, 7A
sand, -et Sand, 7A
sang, -en, (-e) Lied, 7A
sauna, -en, (-er) Sauna, 13D
se (U) sehen, 6A
se . . . efter (U) nachsehen, 5A
se på (U) anschauen, 9A
se ud (U) aussehen, 7A
seddel, -en, (sedler) Zettel, (Geld)schein, 8B
sejl, -et, (-) Segel, 12A
sejle, (1) segeln, 18A
sejler, -en, (-e, sejlerne) Segler, 12A
sekretær, -en, (-er) Sekretär/in, 15A
selv selbst, allein, 7A
selv tak Danke gleichfalls! 13A
selvbetjening, -en, (-er) Selbstbedienung, 15B
selvfølgelig selbstverständlich, 14A
selvom (*Konjunktion*) obwohl, 14A
sen spät, 5A
sende (2) senden, 12A
senere på dagen später am Tag, 5A
seng, -en, (-e) Bett, 3A
servere (1) servieren, 17C
sgu *umgangssprachlich etwa*: verdammt, 16A
sidde (U) sitzen, 7A
siden (*Präposition u. Konjunktion*) seit, 13C
sidst letzt, 13C
sidste gang das letzte Mal, 4A
sidste år letztes Jahr, 13A
sig selv sich selbst, 4A
sige (U) sagen, 2A
sikken et cirkus was für ein Zirkus, 7A
sikkert wohl, vermutlich, 14A
silke, -n Seide, 8B
sind, -et, (-) Gemüt, 18A
Sjælland Seeland, 18A
skab, -et, (-e) Schrank, 3D
skarp scharf, 19A
ske (2) (*Verb*) geschehen, passieren, 15D, 19D
ske, -en, (-er) Löffel, 4A

skibshandel, -en, (-er) Geschäft: Schiffsausrüster, 12A
skidt med det! egal! 20A
skifte ud (1) austauschen, 17A
skilsmisse, -n, (-r) Ehescheidung, 18A
skilt, -et, (-e) Schild, 18A
skinne (1) scheinen, 16B
skjorte, -n, (-r) Hemd, 8D
sko, -en, (-) Schuh, 7A
skole, -n, (-r) Schule, 7B
skriftlig dansk Dänisch, schriftlich, 11A
skrive (U) schreiben 9A
skrivebord, -et, (-e) Schreibtisch, 11D
skulder, -en, (skuldre) Schulter, 19A
skulderblad, -et, (-e) Schulterblatt, 19A
skulle *Präsens*: **skal** *s. 5B5* müssen, sollen, 2A
skulle bruge *Präsens*: **skal bruge** (U) brauchen, 4A
sky, -en, (-er) Wolke, 16B
skyet bewölkt, 16B
skynde sig (2) sich beeilen, 2A
skære sig (U) sich schneiden, 19A
skøn schön, 13A
skål Prost, zum Wohl, 14A
slags, -en, (-) Sorte, 10A
slagter, -en, (-e) Schlachter, Metzger, 10A
slem schlimm, 8C, 17A
slet ikke gar nicht, 12A
slippe (U) loslassen, 19A
slut schluß, aus, 11A
sløj unpäßlich, schlecht, 19B
smart schick, 8A
smerte, -n, (-r) Schmerz, 19A
smile (2) lächeln, 7A
smør, -ret Butter, 4A
små *Plural von* **lille** kleine-, 7C
småbørn *Pl. Sing.*: et lille barn Kleinkinder, 18A
snakke (1) sprechen, 14A
snakke sammen (1) miteinander reden, 11A
snart bald, 18A
sne (1) (*Verb*) schneien, 16B
sne, -en (*Substantiv*) Schnee, 16A
snegl, -en, (-e) Schnecke, 7A
sofa, -en, (-er) Sofa, 3A
sofabord, -et, (-e) Sofatisch, 3A
sok, -ken, (-ker) Socke, 7A
sol, -en, (-e) Sonne, 16B

solbriller *immer Plural* Sonnenbrille, 19D
solskin, -net Sonnenschein, 16D
som (*Konjunktion*) wie, 8C
som (*Relativkonjunktion*) der, die das, 10A
som om als ob, 17A
somme tider manchmal, 11A
sommer, -en, (somre) Sommer, 16A
sommerferie, -n, (-r) Sommerferien, 8D
sommerfugl, -en, (-e) Schmetterling, 7A
sommerhus, -et, (-e) Ferienhaus, 8D
sort schwarz, 7B
sortere (1) sortieren, 12A
sove (U) schlafen, 4A
soveplads, -en, (-er) Schlafplatz, 13A
soveværelse, -t, (-r) Schlafzimmer, 3A
spejderlejr, -en, (-e) Pfadfinderzeltlager, 20D
spille (1) *vergl.* lege *Lektion 7* etwas spielen, 11A
spille (1) **kort** Karten spielen, 19A
spise (2) essen, 4A
spisebord, -et, (-e) Eßtisch, 3A
spisekort,-et, (-) Speisekarte, 15A
spisestue, -n, (-r) Eßzimmer, 3A
sport, -en Sport, 5A
springe over (U) überspringen, auslassen, 15A
sprog, -et, (-) Sprache, 14D
spørge (U) fragen, 5A
spørge (U) **nogen til råds** jemanden um Rat bitten, 13A
spørgsmål, -et, (-) Frage, 1A
stadig immer noch, 19A
stald, -en, (-e) Stall, 11A
stamtræ, -et, (-er) Stammbaum, 6A
starte (1) starten, 19A
stedkendt ortskundig, 20A
stege (2) braten, 17D
stegepande -n (-r) Bratpfanne, 4A
stemme (2) stimmen, 15B
sten, -en, (-/-e) Stein, 19A
stille (1) (*Verb*) stellen, 4A
stille (*Adjektiv*) still, 7A
stivkrampe, -n, (-r) Wundstarrkrampf, 19A

stol, -en, (-e) Stuhl, 3A
stor groß, 6A
storebror, -en, (store brødre) großer Bruder, 6A
storm, -en, (-e) Sturm, 16B
storsejl, -et, (-) Großsegel, 12A
straks sofort, 14A
strand, -en, (-e) Strand, 13A
stribe, -n, (-r) Streifen, 7A
strømpe, -n, (-r) Strümpfe, 8D
stykke, -t, (-) Stück, 10A
stærk stark, 4A
støjende lärmend, laut, 7A
størrelse, -n, (-er) Größe, 8A
støvle, -n, (-r) Stiefel, 7A
stå (U) stehen, 3A
stå op (U) aufstehen, 11A
sukker, -et Zucker, 10A
sund gesund, 19B
supermarked, -et, (-er) Supermarkt, 10A
suppe, -n, (-r) Suppe, 15A
sur sauer, 7A
svag schwach, 16B
svar, -et, (-) Antwort, 1A
svare (1) (*Verb*) antworten, 9B
Sverige Schweden, 18A
sveske, -n, (-r) Zwetschge, 15A
svigermor, -en, (-mødre) Schwiegermutter, 6A
svær schwer, schwierig, 10A
svømme (1) schwimmen, 19A
svømmehal, -len, (-ler) Schwimmhalle, 5A
sweater, -en, (-e) Sweater, 7A
sy (1) nähen, 19A
syg krank, 19B
synes (synes, har syntes) finden, meinen, denken, 10A
syntetisk synthetisch, 8B
sælge (U) verkaufen, 8B
sænke (1) senken, 19A
særlig besonders, 2A
sætning, -en, (-er) Satz, 14A
sætte i (U) hineinsetzen, 11A
sætte i stand (U) instand setzen, 11A
sætte sig (U) sich setzen, 4A
sød süß, 8A
søn, -nen, (-ner) Sohn, 6A
søndag, -en, (-e) Sonntag, 5A
søskende (*Pl.*) Geschwister, 6A
søster, -en, (søstre) Schwester, 6A
så (1) (*Verb*) säen, 18A
så (*Adverb*) dann, 3A
så (*Adverb*) so, 2A
så længe so lange, 11A
så stor som so groß wie, 4A
sådan en/et so ein(e/er), 20A

T

tablet, -ten, (-ter) Tablette, 19A
tage (U) nehmen, 5A
tage (U) *hier:* dauern, 17A
tage en tur (U) *hier:* gehen, 5A
tage imod (U) empfangen, 12A
tak danke, 2A
tak for . . . vielen Dank für . . . , 4A
takke (1) sich bedanken, 12A
tal, -let, (—) Zahl, 10A
tale (2) reden, sprechen, 14A
tallerken, tallerk(e)nen, (tallerk(e)ner) Teller, 4A
tand, -en, (tænder) Zahn, 19B
tante, -en, (-r) Tante, 6B
taxa, -en, (-er) Taxi, 17B
taxi, -en, (-er) Taxi, 17B
te, -en Tee, 10A
tekst, -en, (-er) Text, 7A
telefon, -en, (-er) Telefon, 13A
telefonere (1) telefonieren, 13B
telefonnummer, -et, (-numre) Telefonnummer, 13A
telefonsamtale, -n, (-r) Telefongespräch, 13A
temperatur, -en, (-er) Temperatur, 16B
tennis, -en Tennis, 19A
terrasse, -n, (-r) Terrasse, 13D
tid, -en, (-er) Zeit, 16A
tidlig früh, 11A
til zu, 2A
til aften zum Abend(essen), 4A
til højre for rechts von, 6A
til sidst zuletzt, schließlich, 10A
til venstre for links von, 6A
tilbage zurück, 9A
tilbud, -(d)et, (-) Angebot, 12A
tilsammen zusammen, 10A
time, -n, (-r) Stunde, 11A
ting, -en, (-) Dinge, Sachen, 2A
tirsdag, -en, (-e) Dienstag, 5A
tit oft, 11A
tjener, -en, (-e) Ober, 15A
tog, -et, (-) Zug, 14D
toilet, -tet, (-ter) Toilette, 3D
tommelfingernegl, -en, (-e) Daumennagel, 7A
torden, -en Gewitter, 16B
torsdag, -en, (-e) Donnerstag, 5A
tosset verrückt, 8B, 13A
trappe, -n, (-r) Treppe, 3D
trist traurig, trist, 8A
tro (1) glauben, 7A
træ, -et, (-er) Baum, Holz, 9A

træde (U) treten, 19A
trække (U) ziehen, 19A
trække sammen (U) zusammenziehen, 19A
trække vejret (U) atmen, 19A
trænge til (2) nötig haben, 16A
træt müde, 4A
trøje, -n, (-r) Strickjacke, 7A
tud, -en, (-e) *umgangssprachlich* Schnabel, 18A
tung schwer, 19A
tunnel, -en, (-er) Tunnel, 18A
tur, -en, (-e) Fahrt, siehe 5B, 5A
turde (U) wagen, 10C
tydelig deutlich, 14B
tysk deutsch, 6B, 12A
Tyskland Deutschland, 1A
tænke (2) denken, 10A
tænke over noget (2) über etwas nachdenken, 14A
tænke sig (2) sich vorstellen, 15A
tæt dicht, 19A
tø tauen, 16B
tø/tøvejr, -et Tauwetter, 16B
tøj, -et Kleidung, 7A
tøjforretning, -en, (-er) Kleidungsgeschäft, 8A
tømme (2) leeren, 12A
tør trocken, 15A
tå, -en, (tæer) Zehn, 19B
tåge, -n, (-r) Nebel, 16B
tåget neblig, 16B
tåre, -n, (-r) Träne, 18A

U

ud aus, hinaus, 4A
ud af aus ... heraus/hinaus, 13B
ud at spise (2) essen gehen, 15A
ud at svømme (1) schwimmen gehen, 19A
uden (*Präposition*) ohne, 3A
uden for (*Präposition*) außerhalb, 11A
uden videre ohne weiteres, 14A
udenlandsk ausländisch, 10A
udland, -et Ausland, 14A
udlejningsbureau, -et, (-er) Vermietungsbüro, 13A
udlænding, -en, (-e) Ausländer, 14A
udsalg, -et, (-) Ausverkauf, 8A
udstyr, -et, (-) Ausstattung, 14A
udstødningsrør, -et, (-) Auspuffrohr, 17A

uge, -n, (-r) Woche, 13A
ugift ledig, 14B
uheld, -et, (-) Unfall, 19A
uhøflig unhöflich, 17D
ulden aus Wolle, wollen, 8A
under (*Präposition*) unter, 11B
underkop, -pen, (-per) Untertasse, 4A
undervejs unterwegs, 17A
undervise (2) lehren, unterrichten, 14A
undskyld Entschuldigung, 2A
ung jung, 8C
ungdomsklub, -ben, (-ber) Jugendtreff, 11A
universitet, -et, (-er) Universität, 6A
upraktisk unpraktisch, 8A
utrolig unglaublich, 12A
utydelig undeutlich, 14A
uvenlig unfreundlich, 17D

V

vaje (1) flattern, 18A
vandret waagerecht, 1D
vare (1) dauern, 17A
varm warm, 7A
varme, -n Wärme (Hitze), 16A
vaskemaskine, -n, (-r) Waschmaschine, 13D
vasketøj, -et, (-) Wäsche, 18A
ved (*Präposition*) an, 3A
ved siden af (*Präposition*) neben, 11B
vedlagt in der Anlage, anbei, 12A
vej, -en, (-e) Weg, 20A
veje (1) wiegen, 10A
vejr, -et Wetter, 5A
vejrudsigt, -en, (-er) Wetterbericht, 16B
vel nok *hier*: aber, 4A, 14A
velbekomme! *s. 14B3*
velkommen willkommen, 14A
ven, -nen, (-ner) Freund, 11A
veninde, -n, (-r) Freundin, 8A
venlig freundlich, 12A
venstre links, 6A
vente (1) warten, 17A
venteværelse, -t, (-r) Wartezimmer, 19A
Vesterhavet die Nordsee, 16A
vestkyst, -en, (-er) Westküste, 13A
vi wir, 1A
vide (U) *Präsens*: **ved** wissen, 5A

vigtig wichtig, 14A
vil du godt (U) *vergl.* **4B2** würdest du bitte ..., 12A
ville *Präs*: **vil** (U) *s. 5B5* wollen, mögen, 4A
ville gerne (U) gern mögen, 4B
vin, -en, (-e) Wein, 15A
vind, -en, (-e) Wind, 16A
vind og vejr Wind und Wetter, 16A
vindue, -t, (-r) Fenster, 3A
vinter, -en, (vintre) Winter, 16A
vinterferie, -n, (-r) Winterferien, 8D
virkelig wirklich, 13A
vise (2) zeigen, 5A
vise sig (2) zeigen, 20D
vist sicher, gewiß, 3A
volleyball, -en Volleyball, 11A
røvl, -et Unsinn, 4A
vuggestue, -n, (-r) Kinderkrippe, 7B
væg, -gen, (-ge) Wand, 3A
væk weg, 17A
vække (1) wecken, 11A
vælge (U) wählen, sich aussuchen, 9A
vænne sig til noget (1) sich an etwas gewöhnen, 14A
var så venlig Seien Sie bitte so freundlich, 12A
være (U) sein, 12A
være glad for (U) sich freuen über, gern haben, 17B
være god til (U) (etwas) gut können, 11A
være ked af det (U) traurig sein, 17B
være ked af noget (U) etwas leid sein, 17B
være uheldig (U) Pech haben, 19A
være ved at (U) gerade (etwas) tun, 16A
værelse, -t, (-r) Zimmer, 3A
værksted, -et, (-er) Werkstatt, 11A
værsgo bitte, 4A
våd naß, 16A
vågen wach, 4A

W

weekend, -en, (-er) Wochenende, 12D
weekendtur, -en, (-e) Wochenendfahrt, 12D

Y

ymer, -en eine Art Dickmilch, 4A

Æ

æg, -get, (-) Eier, 10A
æske, -n, (-r) Schachtel, 10B

Ø

ø, -en, (-er) Insel, 18A
øje, -t, (øjne) Auge, 19B

øl, -let Bier, 10B
øl, -len, (— /-ler) Flaschenbier, 16A
øldåse, -n, (-r) Bierdose, 12A
øre, -n, (-r) *dänische Münze*, 10B
øre, -t, (øren/ører) Ohr, 19A
ørige, -t, (-r) Inselreich, 18A
ørred, -en, (-er) Forelle, 15A
Østersøen die Ostsee, 18A
østkyst, -en, (-er) Ostküste, 13A
øvelse, -n, (-r) Übung, 19A

Å

åben auf, offen, 5A
åbne (1) (*Verb*) aufmachen, öffnen, 10D
åbningstid, -en, (-er) Öffnungszeit, 5A
åh nej! oh nein! 17A
år, -et, (-) Jahr, 4A
årsag, -en, (-er) Ursache, 20A
årstal, -let, (-) Jahreszahl, 12D

Nachweis der Bildquellen:

Wir danken folgenden Firmen und Institutionen für ihre Bereitschaft, Bildmaterial zur Verfügung zu stellen:
Jely Haus GmbH, Wahlstedt (Lektion 3)
Nordjyllands Kunstmuseum, Ålborg (Lektion 5)
Den danske Bank, København (Lektion 9, 10)
Bete/Beitski Fritidshuse I/S, Viborg (Lektion 13)
Tele Sønderjylland A/S, Åbenrå (Lektion 13, 19)
Jyske Vestkysten, Esbjerg (Lektion 16)
De danske Statsbaner, DSB (Lektion 17, 18)
Post og Telegrafvæsenet, København (Lektion 20)

Zeichnungen: Flemming Aabech, Charlottenlund.